ZIELE SETZEN, ZIELE ERREICHEN

SETZEN SIE PRIORITÄTEN UND BEWIRKEN SIE VERÄNDERUNGEN

Ann Jackman

ZIELE SETZEN, ZIELE ERREICHEN

SETZEN SIE PRIORITÄTEN UND BEWIRKEN SIE VERÄNDERUNGEN

EDITION XXL

INHALT

Setzen Sie Prioritäten, um Ihre Ziele erfolgreich verwirklichen zu können.
Jetzt komme ich meinem Ziel näher!

EINFÜHRUNG

Was bringt uns dazu, etwas in unserem Arbeits- und Privatleben zu verändern? Wollten Sie je eine Idee verwirklichen, sind aber daran gescheitert? Vielleicht war Ihre Idee gut und Sie hatten auch schon Pläne für die Umsetzung, doch dann haben Sie bald das Interesse verloren, weil Ihnen klar wurde, wie viel Arbeit auf Sie zukommen würde. Oder haben Sie das Gefühl, dass Sie weder die Fähigkeiten noch die Vorstellungskraft besitzen, um die gewünschten Veränderungen umzusetzen?

Die meisten von uns haben immer weniger Zeit die Dinge zu tun, die wir wirklich tun wollen. Wir sind getrieben von der Geschwindigkeit, die unsere Welt beherrscht, und von den Anforderungen anderer. Und doch scheinen wir immer noch mehr erreichen zu wollen. Denn wir sind von Bildern umgeben, die erfolgreiche Menschen in wunderschönen Häusern zeigen. Uns wird gesagt, dass es leichter sei als jemals zuvor alles zu haben. Aber wie können wir das erreichen? Viele von uns wollen Veränderungen. Manche im Berufsleben, z. B. durch eine Beförderung in eine anspruchsvollere Position. Andere wollen vielleicht einen Anbau an ihrem Haus machen, um mehr Platz zu haben. Um welches Vorhaben es sich auch handelt, es muss geplant und realisiert werden können.

FALLBEISPIELE – PETER UND SINA

Hier zwei Beispiele von Menschen, die konkrete Veränderungen planten.

Zehn Jahre lang hatte Peter seinen Ruhestand auf dem Land geplant. Nach ein paar sorgfältigen Vorbereitungen sollte es im kommenden Jahr soweit sein. Es war aber nicht alles glattgelaufen. Unter anderem zwangen ihn Börsenverluste, seine Pläne noch in letzter Minute zu ändern und seine Ansprüche an Grundstücke in der Wohngegend, in der er leben wollte, herunterzuschrauben. Doch weil er fest entschlossen war, sein Vorhaben zu Ende zu bringen, gelang es Peter, sich den Hindernissen zu stellen, die seinem Vorhaben im Weg standen, und sie zu überwinden.

Sina hatte 15 Jahre lang für eine große staatliche Einrichtung gearbeitet und stieg schließlich in das gehobene Management auf. Nach ihrer Beförderung wurde sie als Beraterin für interne Organisationsentwicklung ausgebildet. Sie mochte diese Arbeit und übte sie drei Jahre lang aus.

Aufgrund der Beförderungspolitik innerhalb der Einrichtung war nach den drei Jahren wieder eine Position im gehobenen Management für Sina vorgesehen. Sina wollte aber weiter in der Abteilung Organisationsentwicklung arbeiten, weil ihr diese Tätigkeit mittlerweile sehr viel Spaß machte.

Beide dieser großen Veränderungen bedeuten Verbesserungen der Lebensqualität. Peters Veränderung wurde von einem lange gehegten Traum motiviert – der Traum von einem Leben im Frühruhestand an einem Ort seiner Wahl. Sinas berufliche Entscheidung wurde durch die Unflexibilität des Arbeitgebers herbeigeführt, der nicht dazu bereit war, einer seiner Führungskräfte die freie Wahl zu lassen. Obwohl ihr beruflicher Weg von außen beeinflusst wurde, wusste Sina doch, dass sie unbedingt weiter in ihrem Spezialgebiet arbeiten wollte.

Die Veränderungsgleichung

Viele unserer Vorhaben sollen Verbesserungen in verschiedenen Bereichen unseres Lebens mit sich bringen. Die Veränderungen unterscheiden sich nur in ihrem Ausmaß. Die unten angeführte „Veränderungsgleichung“ hilft uns, das zu verstehen:

Veränderung = Unzufriedenheit + Idee + Erste Schritte > Nötiger Aufwand

Diese Gleichung zeigt, dass es zu keinen Veränderungen kommt, wenn nicht alle Einzelkomponenten umgesetzt werden.

So müssen wir mit der momentanen Situation unzufrieden sein, eine Idee davon haben, wohin wir wollen, und ein paar erste Schritte festlegen, die wir gehen müssen. Es wird so lange keine Veränderung geben, bis die Summe all dieser Aspekte größer ist als der nötige Aufwand.

Bei Peter handelte es sich um finanziellen Aufwand. Konnte er sich sein neues Leben leisten? Sina musste die Sicherheit der Einrichtung, für die sie viele Jahre gearbeitet hatte, und ihre Freunde dort verlassen.

FALLBEISPIEL – JANA

Die Veränderungsgleichung kann auch auf kleinere Projekte angewendet werden.

Jana wollte sich in ihrem kleinen Haus mehr Platz schaffen. Sie brauchte mehr Stauraum für ihre Kleidung (Unzufriedenheit). Dafür kamen zwei Räume in Frage. Sie beschloss, das kleine Gästezimmer in einen Ankleideraum zu verwandeln (Idee). Dafür musste sie sich Gedanken darüber machen, wie sie mehr Stauraum schaffen und trotzdem Schlafgelegenheiten anbieten konnte. Sie holte Erkundigungen ein und fand schließlich einen Sessel, der zu einem Bett umgebaut werden konnte. Außerdem sprach sie mit einem Tischler über die Gestaltung von Einbauschränken (erste Schritte). Der Hauptaufwand war finanzieller Natur, deshalb wollte sie die Veränderung in einer Zeit machen, in der sie genug Geld haben würde. Sie ließ sich auch von ihrem Makler bestätigen, dass die Veränderung des Raumes den Gesamtwert ihrer Immobilie nicht herabsetzen würde. Nachdem Jana alle vier Komponenten der Gleichung umgesetzt hatte, war sie bereit für die Veränderung.

Gründe für Veränderungen

Für Veränderungen in unserem Arbeits- und Privatleben gibt es die unterschiedlichsten Gründe, z. B.:

- **Unzufriedenheit mit der momentanen Situation.**
- **Finanzielle Einflüsse wie z. B. ein Erbe oder Geldmangel.**
- **Übergangsphasen wie die Midlife-Crisis oder die Pensionierung.**
- **Schwierigkeiten sich weiterzuentwickeln, zu wachsen und nach vorne zu blicken.**
- **Externe Faktoren wie z. B. Kinder, die aus dem Elternhaus ausziehen.**
- **Sich ergebende Chancen, die man ergreifen sollte.**

Wie dieses Buch funktioniert

Eine Idee zu haben und eine Veränderung in die Wege zu leiten oder ein Vorhaben durchzuführen sind unterschiedliche Dinge. Viele von uns haben Projekte schon auf halber Strecke wieder aufgegeben. Dafür gibt es viele Gründe, die in diesem Buch aufgezeigt werden. Die gute Nachricht ist, dass die Hindernisse, die uns davon abhalten Veränderungen durchzuführen, überwunden werden können. Dazu können wir uns an ein bestimmtes System halten, das auf jede Situation angewendet werden kann.

Dieses Buch wurde geschrieben, um Ihnen dieses System nahezubringen und Ihnen so dabei zu helfen, große oder kleine Projekte von Anfang bis zum Ende zu überblicken, sei es Raumdekoration oder eine berufliche Veränderung.

Natürlich sind manche Ideen schneller umzusetzen als andere – und manche haben weiter reichende Konsequenzen. Es gibt aber ein paar entscheidende Schritte, die den Erfolg Ihres Vorhabens maximieren werden. Diese Schritte werden Ihnen vorgestellt, damit Sie die nötige Motivation und das entsprechende Selbstvertrauen haben, um erfolgreich zu sein.

SCHRITT 1 – SICH SELBST KENNENLERNEN

Hilft Ihnen, Ihre Stärken und Schwächen zu erkennen und Ihre Fähigkeiten einzuschätzen. So können Sie auch die Fähigkeiten herausfinden, die Sie entwickeln müssen, um Pläne erfolgreich zu Ende zu bringen.

SCHRITT 2 – SCHLÜSSELQUALIFIKATIONEN

Gibt Ihnen gute Ratschläge, um Ihre Stärken auszubauen und Ihre Schwächen zu reduzieren, die Sie in Schritt 1 herausgefunden haben. Umgesetzt werden die Ratschläge durch die Erarbeitung von zehn entscheidenden Fähigkeiten.

SCHRITT 3 – 10 STUFEN AUF DEM WEG ZUM ERFOLG

Gibt Ihnen einen Weg vor, der Ihnen in 10 Stufen helfen soll, Ihre Projekte zu einem guten Abschluss zu bringen. Sie finden heraus, wann Sie für eine Veränderung bereit sind, und beenden Ihre Projekte mit der erfolgreichen Umsetzung.

SCHRITT 4 – PRAKTISCHE ÜBUNGEN

Stellt Ihnen ein paar einfache, praktische Übungen vor, mit denen Sie testen können, ob Sie die Konzepte dieses Buches verinnerlicht haben. Auch Ihr Selbstvertrauen soll durch die Übungen gestärkt werden.

SICH SELBST KENNEN

Dieser Schritt wird Ihnen zeigen, wie Sie Ihre Stärken und Schwächen analysieren und identifizieren können. Diese können Ihnen Hilfe oder Hindernis sein, wenn es darum geht, Ihre Ziele zu erreichen. Durch eine Reihe einfacher Übungen werden Sie lernen, wie Sie Ihre eigenen, besonderen Fähigkeiten ausbauen können. Außerdem werden Sie die Fähigkeiten kennenlernen, die Sie sich aneignen müssen, um Ihre Pläne erfolgreich und vollständig umzusetzen.

WAS HÄLT SIE DAVON AB, IHRE ZIELE ZU ERREICHEN?

Eine Idee zu haben oder sie tatsächlich umzusetzen, sind zwei Paar Schuhe. Jeder Mensch hat Stärken und Schwächen, die ihm helfen oder ihn behindern können. Einige Menschen glauben, dass sie keine Willensstärke haben oder nicht entschlossen genug sind, um ihre Ziele zu erreichen. Andere haben Angst davor zu versagen oder es mangelt ihnen an Selbstvertrauen. Hier sind ein paar typische Hindernisse und Stolperfallen.

Darauf warten, dass etwas passiert

Das kann sich auf vieles beziehen: auf eine andere Person, welche die Initiative ergreift oder die Verantwortung übernimmt, auf einen Lotteriegewinn oder auf einen Partner, der uns den Weg ebnet. Je länger Sie warten, desto unwahrscheinlicher ist ein Erfolg. Oft ist die Versuchung groß, etwas aufzuschieben und Verantwortung abzugeben. Doch Verantwortung zu tragen ist einer der Schlüssel zum Erfolg.

Nicht zu wissen, was man will

Schon in der Kindheit lernen wir die Erfolge anderer, ihre Ideen, Ziele und Herausforderungen kennen. Im Gegensatz dazu werden wir aber nur selten dazu ermutigt, über unsere eigenen Erfolge, Stärken und Schwächen nachzudenken.

Deswegen kann es manchmal schwerfallen herauszufinden, was man möchte und welche Prioritäten man im Leben hat.

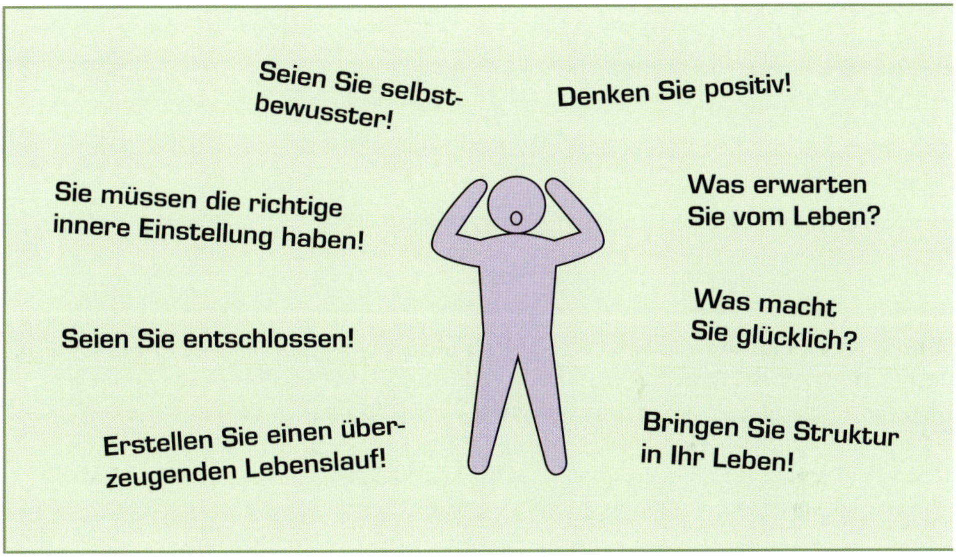

Sie denken, Sie müssten alles auf einmal schaffen

Manchmal kann uns schon die Größe eines Vorhabens einschüchtern und die Aufgaben als zu schwierig erscheinen lassen. Ein Vorhaben als eine große Aufgabe zu sehen, die nicht unterteilt werden kann, überwältigt uns und macht es uns schwer motiviert zu bleiben. Deshalb sind organisatorische Fähigkeiten eine Grundvoraussetzung, um erfolgreich zu sein.

Sie setzen sich keine Ziele

Manche Menschen leben einfach gerne in den Tag hinein und haben eine angeborene Abneigung dagegen, sich Ziele zu setzen. Sich Ziele zu setzen, ist aber sehr wichtig für die effektive Verwirklichung von Plänen. Untersuchungen zeigen, dass über 90 % der Menschen, die sich Ziele setzen, diese auch erreichen.

Angst zu versagen

Einige Menschen reden sich ein, dass sie perfekt sein müssen und nicht versagen dürfen. Tatsächlich lernen die meisten Menschen aber am meisten aus ihren Fehlern. Die Fehler sind es, die uns wertvolle Lehren erteilen können. Und doch gestehen wir sie uns nicht zu.

Sie vergessen, andere bei der Planung und Umsetzung Ihres Vorhabens miteinzubeziehen

Für ein paar Projekte, vor allem größere, braucht man die Mithilfe und Unterstützung von anderen. Es passiert aber leicht, dass man vergisst zusammenzuarbeiten und die Betroffenen (s. S. 52) früh einzubinden.

Sich selbst mit anderen vergleichen

Oft glauben wir, dass andere intelligenter, gebildeter, attraktiver oder netter sind als wir selbst. Dieser ständige Vergleich kann negative Auswirkungen auf unser Selbstwertgefühl haben. Wer hat nicht schon einmal gesagt: „Ich würde das sehr gerne machen, aber kann ich es auch?"

Fehler beim Setzen von Prioritäten und bei der Zeiteinteilung

„Immer kommt mir irgendetwas dazwischen!" Ein oft gebrauchter Satz. Es ist entscheidend, dass Sie Ihre Zeit einteilen und sich Zwischenziele setzen. Sonst macht Ihnen der Alltag womöglich einen Strich durch die Rechnung.

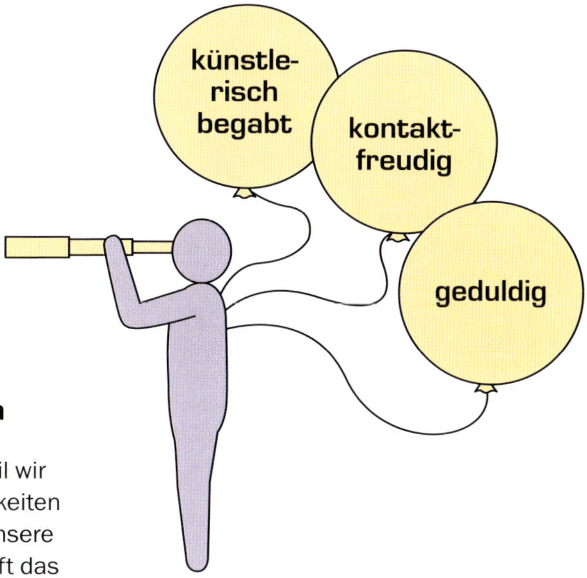

Sie haben nicht die notwendigen Fähigkeiten

Oft fehlt uns Selbstvertrauen, weil wir nicht glauben, dass wir die Fähigkeiten haben, die notwendig sind, um unsere Ziele zu erreichen. Manchmal trifft das zu, z. B. fehlt uns vielleicht Durchsetzungsvermögen. Meistens übersehen wir aber einfach die wertvollen Fähigkeiten, die wir haben.

Mangelnde Willensstärke

Es ist nicht immer einfach, Mut und Willensstärke zu zeigen, um etwas zu erreichen – besonders dann, wenn Probleme auftauchen. Willensstärke zu entwickeln bedeutet, diszipliniert zu sein und sich den eigenen Ängsten zu stellen.

FEHLT NOCH ETWAS?

Sie können dieser Stolperfallen-Liste bestimmt noch Punkte aus Ihrer persönlichen Erfahrung hinzufügen.

Um Vorhaben erfolgreich abzuschließen und Ihr Leben zu verändern, müssen Sie sich zuerst selbst kennen: Ihre Stärken und Schwächen, Ihre Fähigkeiten und Verhaltensweisen in schwierigen Situationen. Sich selbst wirklich kennenzulernen, ist eine Lebensaufgabe, doch es gibt ein paar Dinge, die Sie unbedingt über sich selbst wissen sollten, um Ihre Pläne verwirklichen zu können.

SICH SELBST KENNENLERNEN

Die Übungen in Schritt 1 sollen Ihnen dabei helfen, sich selbst besser kennenzulernen. Beantworten Sie die Fragen so ehrlich wie möglich. Es kann sein, dass die Übungen anfangs etwas abschreckend wirken. Lassen Sie sich deswegen Zeit und fangen Sie erst an, wenn Sie sich bereit fühlen. Es gibt keine richtigen oder falschen Antworten. Sie sollen sich nur klarmachen, auf welche Verhaltensweisen Sie verstärkt zurückgreifen und wie diese Ihre Motivation und Entschlossenheit beeinträchtigen können.

PERSÖNLICHES PORTFOLIO

Eine gute Idee ist die Anlegung eines „persönlichen Portfolios" Ihrer Stärken, Schwächen, Fähigkeiten und Ihrer Überlegungen. Ein Schnellhefter ist dafür gut geeignet, weil Seiten hinzugefügt und wieder entfernt werden können, sobald sie nicht mehr gebraucht werden.

ÜBUNG 1: REFLEKTIEREN

Diese Übung kann vor allem dann sehr ermutigend sein, wenn Sie ein neues Projekt angehen wollen. Sie reflektieren vorangegangene, erfolgreich umgesetzte Vorhaben und beschäftigen sich mit Fragen, die Ihnen zeigen, was Sie und andere getan haben, um das Projekt erfolgreich abzuschließen. Die Übung kann Ihnen außerdem auch Selbstvertrauen vermitteln, weil Sie an die Hindernisse erinnert werden, die Sie überwinden mussten, um Ihr Ziel zu erreichen. Fangen Sie jetzt gleich mit Schritt 1 (s. S. 19) und Schritt 2 (s. S. 20) an.

Einige von uns glauben, dass sie keine Willensstärke, haben ... andere haben Angst zu versagen oder ihnen fehlt das Selbstvertrauen.

SCHRITT 1

Denken Sie an ein Vorhaben, das Sie in der Vergangenheit erfolgreich verwirklicht haben. Beantworten Sie nun die folgenden Fragen schriftlich:

- **Was haben Sie getan, um Ihr Vorhaben erfolgreich umzusetzen?**
- **Womit haben Sie begonnen?**
- **Welche Fähigkeiten haben Sie genutzt?**
- **Wen haben Sie miteingebunden?**
- **Welche Probleme haben sich Ihnen gestellt und wie haben Sie diese gelöst?**
- **Nennen Sie drei der Dinge, von denen Sie denken, dass sie den Erfolg Ihres Vorhabens bewirkt haben.**
- **Welche Gefühle hatten Sie in jener Zeit am häufigsten?**
- **Was haben Sie während der Durchführung Ihres Vorhabens über Ihre eigenen Stärken und Schwächen gelernt?**
- **Wenn Sie noch einmal etwas Ähnliches planen müssten, was würden Sie anders machen?**

SCHRITT 2

Bitten Sie ein oder zwei der anderen Beteiligten des Projekts, die gleichen Fragen zu beantworten und Ihnen ein Feedback bezüglich des Erfolges des Projekts zu geben. Vergleichen Sie die Antworten mit Ihren eigenen. Fügen Sie Stärken und Schwächen, die Sie erkannt haben, zu Ihren Aufzeichnungen aus Schritt 1 hinzu.

ÜBUNG 2: IHR „PERSÖNLICHES TAGEBUCH“

Mit der Übung „Reflektieren“ verknüpft ist eine weitere Methode, die Sie anwenden können, um sich selbst und Ihre Reaktionen auf Erfolge und Misserfolge kennenzulernen. Die Grundlage dieser Übung ist das Führen eines „persönlichen Tagebuches“ als Teil Ihres persönlichen Portfolios. Es ist nicht immer leicht, sich an Erfolge zu erinnern. Wir neigen dazu, uns mehr auf die Misserfolge zu konzentrieren. Doch auch aus diesen können wir lernen. Schreiben Sie bedeutende Erfolge aber auch Ereignisse nieder, die nicht gut verlaufen sind. Nehmen Sie ein Blatt Papier, das Sie in zwei Hälften unterteilen.

DER VORFALL	MEIN VERHALTEN
Hier halten Sie fest, was passiert ist, wer beteiligt war, wer was getan hat und Ihren Eindruck von den Gefühlen und Gedanken der Beteiligten.	Schreiben Sie Ihre eigenen Gedanken und Gefühle in dieser Situation auf. Was wollten Sie sagen und tun? Was haben Sie gesagt und getan?
Lassen Sie ein bisschen Zeit vergehen, bis Sie Ihre Notizen noch einmal lesen. Wie fühlen Sie sich dabei, wenn Sie nochmal lesen, was passiert ist?	Was halten Sie davon? Was haben Sie gelernt? Was werden Sie jetzt oder in Zukunft tun?

Wir können aus unseren Fehlern lernen.

ÜBUNG 3: WISSEN, WAS MAN WILL, UND ZIELE SETZEN KÖNNEN

Die meisten Menschen fallen in eine der beiden Kategorien: entweder sie denken voraus und planen ihre Zukunft oder sie leben in den Tag hinein und hauptsächlich für den Moment. Beide Standpunkte muss man respektieren. Jedoch sind diejenigen, die es vorziehen, sich Ziele zu setzen und Pläne zu schmieden, oft erfolgreicher bei der Umsetzung ihrer Vorhaben. Lesen Sie sich folgende Aussagen durch und entscheiden Sie, welche auf Sie zutreffen. So werden Sie sich selbst einer der beiden Kategorien zuordnen können.

- „Grundsätzlich plane ich lieber für den nächsten Tag."
- „Ich lebe in den Tag hinein und denke nicht viel über die Zukunft nach."
- „Ich liebe Veränderungen um ihrer selbst willen."
- „Um Veränderungen akzeptieren zu können, brauche ich einen Plan."
- „Mir ist klar, worauf ich mich jetzt in meinem Leben und meinem Job konzentrieren muss."
- „Ich weiß, was ich gerne in fünf Jahren tun würde."
- „Ich glaube, dass mich Ziele davon abhalten spontan zu sein."
- „Andere haben Ziele nötiger als ich."

In Schritt 3 (s. S. 98) werden verschiedene Methoden der Zielsetzung erklärt. Auch wenn Sie lieber den Moment leben, können Sie sich Ziele setzen, die Ihrer bevorzugten Handlungsweise entgegenkommen. Ziele müssen nicht einschränken. Das Geheimnis liegt darin, sich Ziele zu setzen, die Flexibilität erlauben und, falls nötig, angepasst werden können.

Willensstärke und Motivation

Es kann vorkommen, dass sogar ein sehr selbstdisziplinierter Mensch weder Willensstärke noch Motivation aufbringen kann. Man lässt sich schnell ablenken oder hat an manchen Tagen das Gefühl, alles lieber tun zu wollen, als die wartenden Aufgaben zu erledigen.

Einige von uns haben mehr Durchhaltevermögen als andere. Welche der folgenden Aussagen trifft auf Sie zu?

- **„Ich erledige immer zuerst meine Aufgaben, bevor ich meinem Vergnügen nachgehe."**
- **„Ich kann mir jederzeit eine Auszeit gönnen."**
- **„Was ich heute kann besorgen, das verschiebe ich oft auf morgen."**
- **„Ich liebe es, wenn ich einen gründlichen Plan erstellen kann."**
- **„Ich hasse es, beim Arbeiten gestört zu werden."**
- **„Ich liebe Unterbrechungen."**
- **„Ich lasse mich leicht ablenken."**
- **„Ich kann mich nicht entspannen, bevor ich mein Soll erfüllt habe."**

Menschen, die sich weniger leicht ablenken lassen oder ihre Aufgaben erledigen, bevor sie ihrem Vergnügen nachgehen, haben meistens von Natur aus mehr Willensstärke. Wir alle können aber lernen Willensstärke zu entwickeln, um so Ablenkungen besser zu widerstehen.

Setzen Sie sich Ziele, die Flexibilität zulassen.

Verantwortung im Leben und am Arbeitsplatz übernehmen

Aufgaben wegen der verschiedensten Gründe, seien sie gut oder schlecht, aufzuschieben, ist nicht schwer. Doch je mehr Sie aufschieben, desto schwieriger wird der Einstieg in Ihr Projekt und auch dessen Umsetzung.

Wie oft haben Sie sich schon gesagt „Das war nicht halb so schwer wie ich dachte!", wenn Sie sich schließlich überwunden hatten etwas zu erledigen, das Sie aufgeschoben hatten. Die folgenden Übungen machen Sie darauf aufmerksam, wenn Sie etwas aufschieben.

ÜBUNG 1: WORAUF WARTEN SIE?

Schreiben Sie alle Dinge auf, auf die Sie warten. Denken Sie an alle Bereiche Ihres Lebens. Je mehr Bereiche Sie unterscheiden, desto eher werden Sie die Verantwortung auf andere übertragen wollen. Achten Sie auf wiederkehrende Muster und darauf, ob es eine Gemeinsamkeit gibt. So können Sie herausfinden, vor welchen Aufgaben Sie zurückscheuen und in welchen Bereichen Sie unsicher sind.

ÜBUNG 2: WARUM WARTEN SIE?

Sie wissen, was auf Ihrer Liste steht, und haben eventuell auch einige Muster entdeckt. Jetzt fragen Sie sich, ob Sie das eine oder andere Vorhaben wirklich umsetzen wollen, und, wenn ja, warum Sie es aufschieben. Wenn Sie die Hilfe von anderen brauchen, müssen Sie sich neue Fähigkeiten aneignen oder mehr Selbstvertrauen entwickeln? Oder müssen Sie sich erst mit Ihrer Angst vor Veränderung auseinandersetzen? Um bestimmt und leistungsfähig zu sein, müssen Sie die Initiative ergreifen. Anstatt zu warten, machen Sie den ersten Schritt.

PERSÖNLICHES PORTFOLIO

Machen Sie sich Notizen in Ihrem persönlichen Portfolio.

ANGST VOR MISSERFOLGEN

Einer der Hauptgründe für die Angst vor Misserfolgen ist, dass man glaubt, immer alles 100-prozentig richtig machen zu müssen. Misserfolge bedeuten, dass man diese Perfektion nicht erreicht. Den Wunsch perfekt zu sein, haben wir meistens schon früh. Wenn einem Kind wieder und wieder von einem Elternteil gesagt wird, dass nur die Note Eins gut genug ist, kann das Kind perfektionistische Verhaltensweisen entwickeln.

Seien wir ehrlich: Ganz normale Menschen können nicht perfekt sein. Wir alle machen Fehler und niemand kann immer alles richtig machen. Allerdings streben viele von uns nach den unerreichbaren 100 % – auch wenn weniger genug wäre. Perfektionismus kann sich negativ auf Zeitplanung, Organisation und den Aufbau effektiver Beziehungen auswirken und so extremen Stress auslösen.

Sind Sie ein Perfektionist?

Beantworten Sie die folgenden Fragen, um herauszufinden, ob Sie perfektionistisch veranlagt sind. Je mehr Fragen Sie mit Ja beantworten, desto eher haben Sie Angst vor Misserfolgen und zögern deshalb Risiken einzugehen, z. B. wenn es um Veränderungen geht.

- **Stellen Sie an sich selbst hohe Ansprüche, nur um sich dann im Fall eines Misserfolges zu kritisieren?**
- **Belastet es Sie Fehler zu machen?**
- **Fällt es Ihnen schwer, weniger als 100 % anzustreben?**
- **Gehen Sie mit Menschen, die Ihren Ansprüchen nicht genügen, hart ins Gericht?**
- **Ist es Ihnen wichtig recht zu haben?**

Wie gehen Sie mit Misserfolgen um?

Mithilfe der folgenden Übung sollen Sie lernen, Rückschläge und Misserfolge zu bewältigen. Beantworten Sie die Fragen so ehrlich wie möglich und denken Sie über zukünftige Strategien für Misserfolge nach.

Beantworten Sie die Fragen mit **Oft**, **Manchmal** oder **Nie.**

TEST: LEKTION A – POSITIVE REAKTIONEN

Sie ...

1 betrachten Misserfolge als unvermeidlich?
2 versuchen aus Fehlern zu lernen?
3 machen Notfallpläne für den Fall eines Misserfolges?
4 versuchen zu verstehen, warum eine Antwort Nein lautete?
5 halten guten Kontakt mit Entscheidungsträgern, auch wenn Sie nicht die gleiche Meinung hatten?
6 zeigen Ihre Enttäuschung deutlich?
7 greifen auf Ihr Netzwerk zurück, um herauszufinden, warum Sie gescheitert sind?
8 suchen sich Verbündete, um auch zukünftig erfolgreich zu sein?
9 ziehen sich zurück, um nachzudenken, und versuchen es dann noch einmal?
10 stellen sich Ihrem Misserfolg und ziehen Lehren für zukünftige Erfolge?
11 helfen anderen, mit ihren Enttäuschungen fertig zu werden?
12 unterstützen eine Entscheidung, wenn Sie fair ist?
13 erklären anderen, warum eine Entscheidung gefällt worden ist?
14 behalten Ihre positive Einstellung auch nach einer Niederlage bei?

Ihre Auswertung:
Haben Sie mehr als die Hälfte der Fragen in Lektion A mit **Oft** oder **Manchmal** beantwortet, dann lassen Sie sich von Misserfolgen nicht einschüchtern, sondern bestärken.

TEST: LEKTION B – NEGATIVE REAKTIONEN

Sie ...

1 fühlen sich wie ein Versager?
2 nehmen alles persönlich?
3 gehen gerne auf Nummer sicher, um keinen Misserfolg zu riskieren?
4 lasten die Schuld den Entscheidungsträgern an?
5 zerstören Ihr Netzwerk?
6 diskutieren auch nach einem klaren Nein weiter?
7 bedrängen und attackieren, sodass sich andere gegen Sie wehren müssen?
8 können eine Entscheidung, die Ihnen nicht gefällt, nicht unterstützen?

Ihre Auswertung:
Haben Sie die Fragen in Lektion B größtenteils mit **Oft** oder **Manchmal** beantwortet, dann laufen Sie Gefahr, durch schlechten Umgang mit Misserfolgen Ihre Stärken zu schwächen.

Wie haben Sie abgeschnitten?

Wenn Sie in Lektion B häufig mit **Oft** oder **Machmal** und in Lektion A häufig **Nie** geantwortet haben, dann lassen Sie zu, dass Ihre Gefühle Ihre Fähigkeit, strategisch zu arbeiten, beeinträchtigen. Menschen sind leidenschaftlich, wenn es um ihre Projekte geht, und deswegen ist es nur natürlich, im Fall einer Niederlage unbeherrscht und subjektiv zu reagieren. Schnell weist man das Gefühl zurück, bedroht oder herabgesetzt zu werden.

Leidenschaft und auch Ärger können destruktiv, richtig eingesetzt aber durchaus produktiv sein. Schauen Sie sich noch einmal die Fragen in Lektion A an und überlegen Sie, ob Sie nicht ein paar der Strategien anwenden wollen.

PERSÖNLICHES PORTFOLIO

Notieren Sie Ihre Erkenntnisse und Strategien in Ihrem persönlichen Portfolio.

ERKENNEN SIE IHRE FÄHIGKEITEN

Eine sinnvolle Übung ist die, verstärkt daran zu denken, was Sie gut machen. Konzentrieren Sie sich nicht auf Ihre Misserfolge, durch die Sie sich selbst nur unterbewerten. Sie werden erstaunt sein, was dabei alles herauskommt.

Pool an Fähigkeiten und positiven Eigenschaften

Machen Sie eine Liste all der Dinge, die Sie beherrschen und die Ihnen liegen. Hören Sie nicht auf, bevor Sie 20 oder mehr Fähigkeiten aufgeschrieben haben. Machen Sie eine gleich große Liste Ihrer positiven Eigenschaften.

Beziehen Sie alle Ihre Fähigkeiten mit ein. Sind Sie z. B. ein Elternteil, der sich dafür entschieden hat, zu Hause für die Kinder zu sorgen, so werden Sie Ihre gute Zeiteinteilung und Ihr Organisationstalent nicht als besondere Fähigkeiten, sondern als Notwendigkeiten betrachten, um den Alltag zu bewältigen. Doch viele Menschen sind der Ansicht, dass es sehr schwierig ist, sich diese Fähigkeiten anzueignen. Deshalb sollten Sie auch solche Fähigkeiten zu Ihrer Liste hinzufügen.

Konzentrieren Sie sich nicht auf Ihre Misserfolge, sondern denken Sie verstärkt an das, was Sie gut machen.

ÜBUNG 1: REFLEKTIEREN

Nutzen Sie jetzt die Gelegenheit, um ein bisschen zu prahlen. Schreiben Sie all Ihre Fähigkeiten und positiven Eigenschaften auf ein Blatt Papier, das Sie mit den unten angeführten Überschriften versehen, und ergänzen Sie anschließend Ihr persönliches Portfolio um die neu hinzugekommenen Eigenschaften. Sie können sich auch von jemandem helfen lassen, der Ihnen Fragen stellt.

Meine Fähigkeiten – Ich bin gut darin, …	Meine positiven Eigenschaften – ich bin …
1.	1.
2.	2.
3.	3.
4.	4.
5.	5.
6.	6.
7.	7.
8.	8.
9.	9.
10.	10.
11.	11.
12.	12.
⋮	⋮

Durchsetzungsvermögen und die Fähigkeit Einfluss zu nehmen

Durchsetzungsvermögen zu haben, bedeutet zu bestimmen, was man möchte und auch danach zu fragen. Es bedeutet, sich Prioritäten in allen Bereichen des Lebens zu setzen und Ziele auf positive, direkte Weise zu erreichen, ohne dabei die Bedürfnisse und Rechte von anderen zu missachten. Um Pläne zu schmieden und sich während ihrer Umsetzung zu behaupten, braucht man Durchsetzungsvermögen. Viele Menschen können sich zwar in vertrauten Situationen durchsetzen, in anderen aber nicht. Das ist ganz natürlich. So kann es z. B. einem Menschen sehr leichtfallen, sich bei Konferenzen durchzusetzen, er bringt es aber nicht über sich, einem Freund zu sagen, dass er heute nicht ausgehen möchte. Beantworten Sie die folgenden Fragen, um festzustellen, für wie durchsetzungsfähig Sie sich in den vier Situationen halten.

AM ARBEITSPLATZ

Wie reagieren Sie, wenn ...

- Sie feststellen, dass jemand besonders gute Arbeit geleistet oder sich zusätzliche Mühe gemacht hat?
- Sie zu Recht von einem Vorgesetzten kritisiert werden?
- Sie jemanden in der Funktion als Vorgesetzter oder Kollege für ständige Verspätungen, schlechte Arbeit oder Unehrlichkeit tadeln müssen?
- Sie zu Unrecht kritisiert werden?
- Sie das Gefühl haben, Ihr Arbeitgeber verlangt oft weit mehr von Ihnen, als er eigentlich sollte?
- neugierige Kollegen in Ihrem Privatleben herumschnüffeln?
- man Ihnen wegen Ihres Aussehens ein Kompliment macht oder wenn jemand Ihre Arbeit lobt?

IN DER ÖFFENTLICHKEIT

Wie reagieren Sie, wenn ...

- ein Kellner Sie in einem Restaurant offensichtlich ignoriert?
- Sie schon ewig in einer Schlange warten und sich jemand einfach vordrängelt?
- Sie glauben, dass man Ihnen minderwertige Ware verkaufen will?
- Sie einen wenig hilfsbereiten Verkäufer vor sich haben?
- Sie ein beschädigtes Produkt oder ein Kleidungsstück, das eingegangen ist, zurückbringen?
- das Essen auf Ihrem Teller verkocht oder kalt ist oder nur wenig Ähnlichkeit mit Ihrer eigentlichen Bestellung hat?
- ein Arzt Sie mit einem kurzen Kommentar abspeist, obwohl Sie um mehr Informationen gebeten haben?
- sich jemand am Nebentisch in dem Moment eine Zigarre anzündet, in dem Sie gerade anfangen zu essen?
- Sie in der Bibliothek sitzen und neben Ihnen jemand anfängt zu telefonieren?

UNTER FREUNDEN

Wie reagieren Sie, wenn ...

- sich ein Freund etwas von Ihnen leihen möchte, das Sie selbst brauchen?
- jemand gehässige Bemerkungen über eine Person macht, die Ihnen viel bedeutet?
- Sie einen Freund bitten müssen, Ihnen geliehenes Geld zurückzugeben?
- Sie sich von einem Freund herabgesetzt oder missachtet fühlen?
- sich ein Freund ständig ungefragt bei Ihnen ausweint?
- andere etwas herabwürdigen, das Sie sehr schätzen?
- ein Freund eine in Ihren Augen unangemessene Bitte an Sie richtet?
- Sie mit einem Freund darüber diskutieren müssen, welchen Film Sie sich wo ansehen möchten?
- Sie sich durch eine rassistische oder sexistische Bemerkung beleidigt fühlen?

ZU HAUSE

Wie reagieren Sie, wenn ...

- Sie eine Einladung annehmen möchten, Ihr Partner aber schon andere Pläne für Sie beide hat?
- Sie sich zu Hause etwas mehr Privatsphäre wünschen?
- Sie Ihrem Kind einen Wunsch nicht erfüllen können oder wollen?
- Sie die ganze Hausarbeit allein machen müssen?
- sich jemand selbst einlädt, Sie diesen Besuch aber nicht wollen?
- Sie gar nicht oder ständig von Ihren Eltern kritisiert werden?

Wählen Sie aus jeder der vier Kategorien ein Beispiel aus, das Sie bei Ihnen selbst verbessern möchten. Machen Sie sich klar, wie Sie sich verhalten.

Stellen Sie sich folgende Fragen:

- **„Was sage und tue ich in diesen Situationen?"**
- **„Wie fühle ich mich dabei?"**
- **„Was gewinne oder verliere ich durch dieses Verhalten auf kurze Sicht?"**
- **„Wie, denke ich, wirkt mein Verhalten auf mein Gegenüber?"**
- **„Wie wirkt sich dieses Verhalten auf lange Sicht negativ für mich und andere aus?"**

Nun wählen Sie ein für Sie problemloses Beispiel aus.

Stellen Sie sich diese Fragen:

- **„Was sage oder tue ich, um mit diesen Situationen gut zurechtzukommen?"**
- **„Welche Gefahren sind mit diesem Verhalten verbunden?"**
- **„Wie, denke ich, wirkt mein Verhalten auf mein Gegenüber?"**
- **„Wie wirkt sich dieses Verhalten auf lange Sicht positiv für mich und andere aus?"**

Konzentrieren Sie sich auf das, was Sie können.

PERSÖNLICHES PORTFOLIO

Notieren Sie nach der Analyse in Ihrem persönlichen Portfolio, was Sie über Ihr Verhalten in verschiedenen Situationen gelernt haben. Fällt Ihnen ein Muster besonders auf? Wollen Sie durchsetzungsfähiger werden? Verhalten Sie sich oft auf eine Art und Weise, die negative Auswirkungen hat? In Schritt 2 werden solche Verhaltensweisen genau beschrieben.

PRIORITÄTEN SETZEN UND ZEIT EINTEILEN

Planen, organisieren und sich seine Zeit richtig einteilen zu können, sind Grundvoraussetzungen für die Leitung und Umsetzung von Projekten. Zwar können diese Fähigkeiten gelernt werden, doch die Anwendung fällt vielen Menschen schwer. Gerade unser Verhältnis zur Zeit ist es aber, das einen direkten Einfluss darauf hat, wie wir Projekte handhaben.

Beantworten Sie die unten aufgeführten Fragen, um Ihre Zeitmanagement-Fähigkeiten einzuschätzen.

SIE ...

- erledigen die schwierigsten Aufgaben morgens?
- machen eine Liste der „Dinge, die heute erledigt werden müssen"?
- sagen auch einmal Nein, wenn Sie gebeten werden etwas zu tun?
- fragen auch einmal nach dem Grund für Ihre Anwesenheit bei einer Konferenz?
- denken, dass andere ihre Zeit sinnvoller nutzen als Sie?
- stellen Dringendes vor Wichtiges?
- erledigen Ihre Aufgaben in der Reihenfolge ihrer Wichtigkeit?
- erledigen eine Aufgabe vollständig, bevor Sie sich der nächsten widmen?
- dulden unplanmäßige Störungen?
- erledigen Aufgaben lieber selbst, anstatt sie zu delegieren?
- fragen andere nach deren Zeitmanagement?

DIE NÄCHSTEN SCHRITTE

Jetzt sind Sie schon einen Schritt weiter, weil Sie Ihre Fähigkeiten, Stärken und Schwächen erkannt haben. Lesen Sie Ihre Antworten noch einmal durch und fragen Sie sich: „Was sagt mir das über mich selbst?"

PERSÖNLICHES PORTFOLIO

Tragen Sie Ihre Erkenntnisse in Ihr persönliches Portfolio ein. Diskutieren Sie diese mit Menschen, die Ihnen nahestehen. Erkundigen Sie sich konkret nach persönlichen Eindrücken und bitten Sie um Feedback.

Viel zu oft nehmen wir nur unsere Schwächen ins Visier und vergessen darüber unsere Stärken. Denken Sie daran, dass Ihre Stärken am meisten dazu beitragen, Ihre Vorhaben erfolgreich in die Tat umzusetzen, und deshalb nicht vernachlässigt werden dürfen.

Die Schritte 2 und 3 dieses Buches werden Ihnen dabei helfen, Ihre Stärken auszubauen, an Ihren Schwächen zu arbeiten und Ihre Fähigkeiten weiterzuentwickeln. Schritt 4 hält Übungen für Sie bereit, um Ihnen Selbstvertrauen für die praktische Umsetzung zu vermitteln.

Ihre Stärken werden Sie zum Erfolg führen.

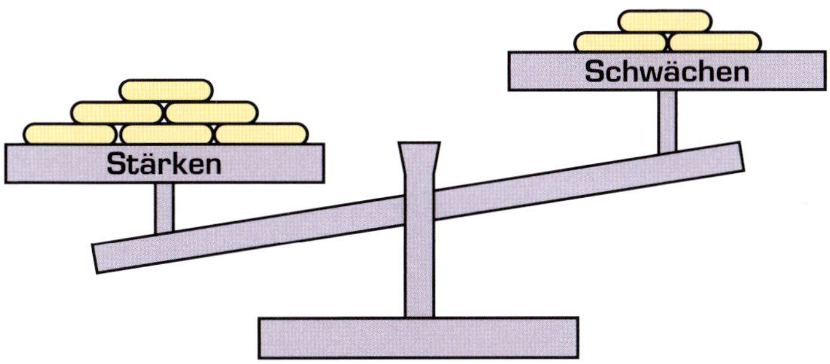

SCHLÜSSELQUALIFIKATIONEN, UM ERFOLGREICH ZU SEIN

In Schritt 1 haben Sie gelernt, Ihre Stärken und Fähigkeiten einzuschätzen und die Bereiche Ihres Lebens zu erkennen, in denen Sie etwas verbessern möchten.

Dieser Schritt bietet Ihnen die Möglichkeit, auf professionelle Art an den Schwächen zu arbeiten, die Sie Ihrer Meinung nach davon abhalten, Ihre Vorhaben in die Tat umzusetzen.

Zehn Schlüsselqualifikationen werden hervorgehoben. Sie bilden Ihre persönliche „Kraftquelle", die Sie bei den gewünschten Veränderungen unterstützen wird. Allgemeine Übungen führen Sie von der Theorie zur Praxis.

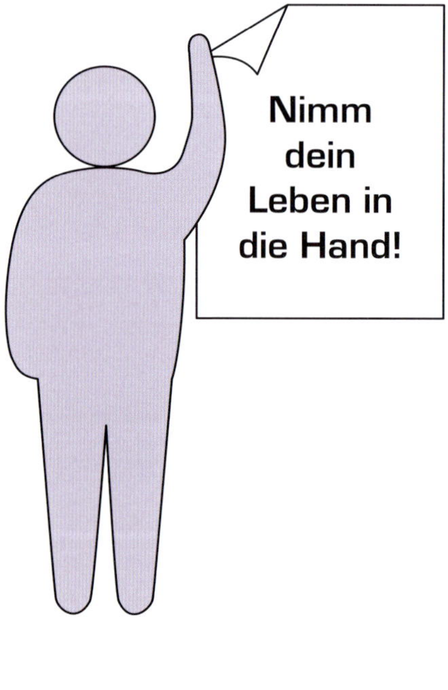

WIE MAN SICH MOTIVIERT UND WILLENSSTARK WIRD

Der erste Schritt auf dem Weg zum Erfolg ist ein starker Wunsch und die entsprechende Motivation, um den nötigen Aufwand betreiben zu können.

FALLBEISPIEL

Florian wollte das Rauchen aufgeben und hatte auch schon ein paar erfolglose Versuche gemacht. Er war Asthmatiker und wusste genau, wie sehr das Rauchen seiner Gesundheit schadete. Jeden Winter bekam er Bronchitis. Doch sein Genuss war stärker als die Motivation, mit dem Rauchen aufzuhören.

Eines Tages änderten sich die Dinge. Florian lernte eine neue Frau kennen. Sie war Nichtraucherin und mochte es auch nicht, wenn andere rauchten. Und sein Arzt, mit dem er auch befreundet war, weigerte sich, ihn bei einer weiteren Bronchitis zu behandeln.

Diese zusätzliche Motivation war genau das, was Florian gebraucht hatte. So schaffte er es innerhalb von sechs Monaten das Rauchen aufzugeben.

Der starke Wunsch nach Veränderung ist ausschlaggebend dafür Willensstärke zu haben. Ohne diesen Wunsch wird sich kaum Willensstärke einstellen. Sie können Ihren Willen zu Veränderung und Ihre Motivation messen, indem Sie die Veränderungsgleichung, die in der Einführung beschrieben ist (s. S. 11), auf Ihre Situation oder Ihr Vorhaben anwenden. Ohne Willen sollten Sie das Projekt gar nicht erst angehen. Das ist aber kein Misserfolg, sondern Sie sind ehrlich und erkennen an, dass die Zeit für das Vorhaben noch nicht reif ist.

Für einige von uns ist zusätzliche Motivation nicht die Lösung für mangelnde Willensstärke. Wir können geradezu versessen darauf sein etwas zu verändern und trotzdem nicht die notwendige Motivation aufbringen, um den Anfang zu machen. Oder aber unsere Begeisterung lässt im Laufe der Zeit nach. Mut und Willensstärke sind wie Muskeln – je mehr Sie diese beanspruchen, desto stärker werden sie. Machen Sie also ein paar leichte Übungen, um Ihren Willen zu stärken und damit Ihr Interesse und Ihre Motivation aufrechtzuerhalten.

Im Folgenden finden Sie ein paar Übungen, die Ihnen bei der Stärkung Ihres Willens helfen können. Sie sind in zwei Kategorien aufgeteilt: einige bedürfen einer tatsächlichen Willensanstrengung, andere sind leicht auszuführen, erfordern aber den Willen sie täglich zu wiederholen. Suchen Sie die Übungen aus, die Sie für sich am geeignetsten halten.

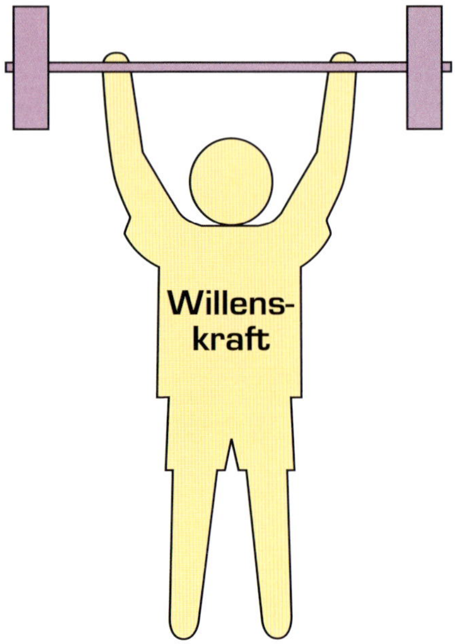

ÜBUNGEN, FÜR DIE SIE SICH ANSTRENGEN MÜSSEN

Sie sind versucht etwas zu sagen, halten sich aber zurück und tun es nicht.

Wenn Sie etwas sofort erledigen möchten, schieben Sie es auf. Nehmen Sie sich vor, es zu einem festgelegten Zeitpunkt in der Zukunft zu erledigen.

Wenn Sie etwas aufschieben wollen, dann machen Sie es sofort.

Tun Sie etwas, das Sie eigentlich nicht tun möchten, Sie könnten z. B. zum Supermarkt laufen, anstatt mit dem Auto zu fahren.

Probieren Sie etwas völlig Neues aus, z. B. in einem Restaurant ein Gericht zu bestellen, von dem Sie denken, dass Sie es nicht mögen werden.

Sprechen Sie täglich mit einer Person, die Ihnen völlig fremd ist.

Suchen Sie Situationen, in denen Sie normalerweise Konfrontationen vermeiden (z. B. sich über einen schlechten Service zu beschweren), und gehen Sie den Konflikt ein.

ÜBUNGEN, DIE JEDEN TAG WIEDERHOLT WERDEN

Machen Sie diese Übungen jeden Tag um die gleiche Zeit.

Machen Sie einen kurzen Spaziergang.

Lesen Sie eine Zeitung.

Bearbeiten Sie Ihre Post.

Reinigen Sie eines der Zimmer Ihrer Wohnung.

Rufen Sie Ihre E-Mails ab.

Diese Übungen können Ihnen eine große Hilfe bei der Entwicklung Ihrer Fähigkeit sein, sich auf Aufgaben einzustellen, die Selbstdisziplin und Mut erfordern.

Etwas wirklich zu wollen, ist der erste Schritt in Richtung Erfolg.

FÄHIGKEIT 2

DER UMGANG MIT UNSERER NEGATIVEN INNEREN STIMME

Ein weiterer Aspekt, der uns davon abhalten kann, ausreichend Motivation für ein erfolgreiches Vorhaben aufzubringen, ist unsere negative innere Stimme, die plötzlich in unseren Gedanken auftaucht. Normalerweise taucht sie immer dann auf, wenn wir uns verletzlich oder einer Aufgabe nicht gewachsen fühlen.

Die negative Stimme kann das Ergebnis einer Einschätzung von uns selbst sein, die wir von der Gesellschaft übernommen haben. Menschen werden meistens danach bewertet, wie sie sich an gesellschaftliche Normen anpassen können.

Ein Beispiel: Ein Kind ist im Vergleich zu anderen Kindern extrem sportlich, im Lesen durchschnittlich gut und schlecht in Mathematik. Erwachsene vergleichen ihre Kinder unentwegt – ihre Intelligenz, ihr Aussehen, ihre Manieren, ihr Verhalten, wie sie mit anderen Kindern spielen usw. Oft bilden sich Erwachsene ein allgemeines Urteil über Kinder, z. B. liebevoll oder gehässig, freundlich oder gemein, bescheiden oder egoistisch, kontaktfreudig oder schüchtern. Diese Vergleiche gelten auch noch, wenn wir älter werden. Zuerst sind es Erwachsene, dann immer öfter Gleichaltrige und schließlich vielleicht sogar wir selbst, die sie anstellen.

Negative Vergleiche

Haben wir die Standards und Vorstellungen von denen, die über uns urteilen, verinnerlicht, fangen wir an, uns selbst zu beschreiben, indem wir die Abweichungen von der Norm hervorheben. Wir denken z. B.: „Ich bin vielleicht hübsch, aber intelligent bin ich nicht.“ Negative Botschaften wie diese untergraben das Selbstvertrauen und das Selbstwertgefühl.

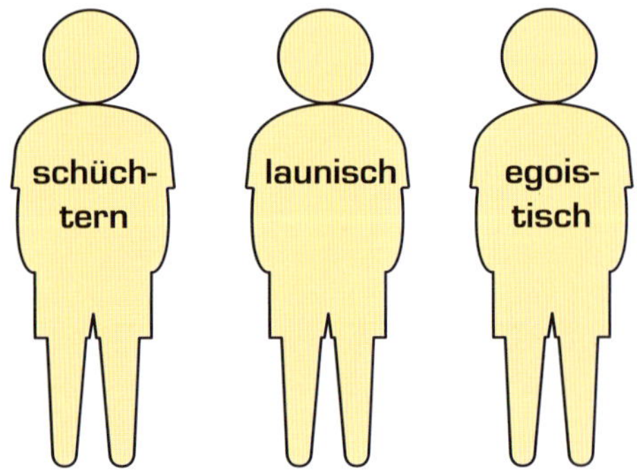

Hier finden Sie noch mehr Beispiele negativer und kontraproduktiver Selbstgespräche.

BEISPIELE

Selbstbestrafung	„Du Idiot, wie konntest du nur?“
Negative Urteile über sich selbst	„Ich bin gemein, faul, hässlich usw.“
Sich selbst unter Druck setzen	„Ich muss ...“, „Ich soll ...“, „Ich sollte ...“
Unterstellungen	„Man wird mich nicht mögen, wenn ...“
Die Dinge aufbauschen	„Das ist viel zu schwierig für mich.“
Katastrophenszenarien ausdenken	„Wenn ich nicht die richtigen Fragen stelle, bekomme ich den Job nicht.“
Nicht an einen Mittelweg glauben	„Entweder gewinne oder verliere ich.“

Den inneren Saboteur aufhalten

Diese negativen Botschaften als das zu entlarven, was sie tatsächlich sind, nämlich unangemessen, irrational und unvernünftig, ist sehr hilfreich. Wenn Sie sich diese bewusst machen, bereiten Sie den Weg zu Ihrer Erfolgsgeschichte.

Sobald Sie die Stimme wieder hören, hinterfragen Sie diese: Sagt sie tatsächlich etwas Wertvolles und Vernünftiges? Versuchen Sie, die negativen Botschaften durch positive zu ersetzen. Das verschafft Ihnen ein besseres Selbstverständnis und mehr Selbstwertgefühl.

- **„Es ist in Ordnung Fehler zu machen.“**
- **„Ich bin nicht dumm – auch wenn das nicht die beste Entscheidung war, die ich je getroffen habe.“**
- **„Ich bin nicht faul – ich nehme mir nur Zeit, um darüber nachzudenken, wie es weitergehen soll.“**

Sich selbst gedanklich aufwerten

Denken Sie einen Moment nach und machen Sie dann eine Liste mit drei bis fünf guten Eigenschaften, die Sie oder auch Ihr Leben aufweisen. Das könnte eine positive Einstellung bezüglich Ihres Aussehens, Ihrer Intelligenz, Ihrer Interessen oder Ihrer Leistungen sein (falls nötig, greifen Sie auf die Liste Ihrer positiven Eigenschaften zurück, die Sie in Schritt 1 gemacht haben). Ihre Angaben sollten der Wahrheit entsprechen und konkret sein, z. B. „Ich habe ein schönes Lächeln." oder „Ich bin bestens über das aktuelle Tagesgeschehen informiert."

Ab jetzt versuchen Sie, sich öfter gedanklich aufzuwerten. Sie können die Frequenz steigern, indem Sie jeden positiven Gedanken über sich selbst sofort belohnen. Viele Aktivitäten, die wir tagtäglich ausführen, können als Belohnung dienen: essen, trinken, ein Spiel spielen, mit Freunden telefonieren usw. So entsteht eine Wechselwirkung zwischen Ihren positiven Gedanken über sich selbst und der Belohnung.

Tragen Sie Ihre Liste positiver Botschaften immer bei sich. Lesen Sie diese, wenn Sie niedergeschlagen oder verunsichert sind.

Leistungen und positive Eigenschaften:

„Ich bin freundlich."

„Ich habe einen guten Abschluss."

„Ich habe kein Suchtpotenzial."

Risiken eingehen

Es kann Ihnen im Verlauf eines Projekts jederzeit passieren, dass Sie Entscheidungen treffen oder Aufgaben angehen müssen, die Sie für riskant halten. Vielleicht müssen Sie Ihren Chef um einen großen Gefallen bitten oder eine unbeliebte Entscheidung treffen. Bevor wir aber Risiken eingehen, was einen wichtigen Teil des Veränderungsprozesses darstellt, müssen wir uns unseren Ängsten stellen.

Der Schritt heraus aus der Komfortzone

Unsere persönliche „Komfortzone" ist der Lebens- bzw. Arbeitsbereich, in dem wir uns täglich sicher bewegen. Wir haben die Kontrolle und können jeder beliebigen Situation problemlos begegnen. In unserer Komfortzone zu agieren, macht es uns möglich, selbstbewusst zu sein, wodurch die Wahrscheinlichkeit eines Erfolges enorm gesteigert wird.

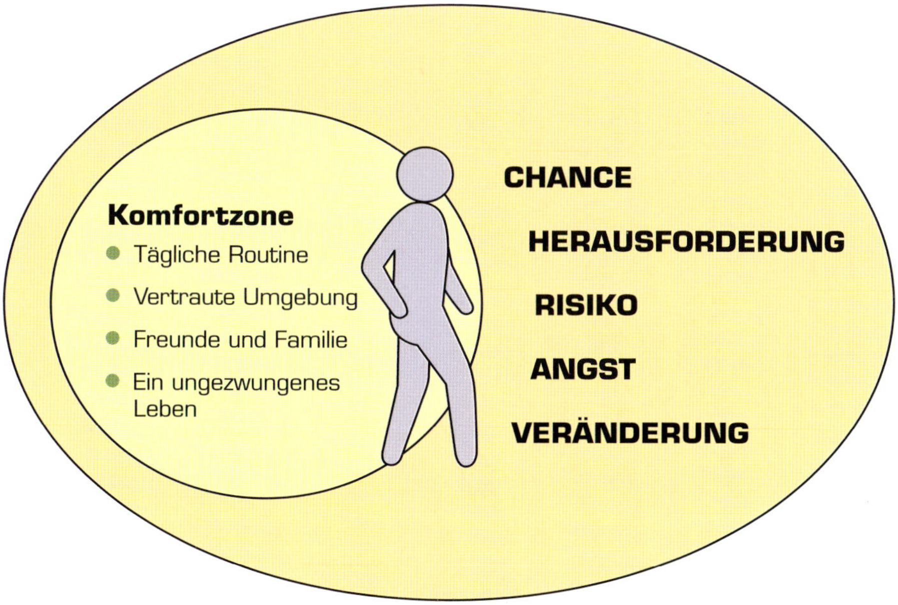

Es können allerdings gewisse Situationen auftreten, die uns davon abhalten können, unsere Komfortzone zu verlassen, z. B. eine besondere Chance oder eine große Herausforderung. Die natürliche Reaktion ist oftmals der Rückzug in die Komfortzone. Dort stecken wir den Kopf in den Sand und hoffen vergeblich, dass sich die Situation einfach in Luft auflöst. Denn wir wissen, dass sie Risiken birgt und damit auch Ängste in uns weckt.

Unsere negative innere Stimme übernimmt das Ruder und wir fangen damit an, uns ein Katastrophenszenario auszumalen, das eintritt, sobald wir unsere Komfortzone verlassen. Trotzdem spüren wir, dass wir unsere Grenzen weiter stecken müssen, anstatt uns zu verbarrikadieren, wenn wir uns weiterentwickeln und nach Veränderungen und Erfolg streben wollen.

Wie oft hatten Sie schon Ängste, die, im Nachhinein betrachtet, völlig unbegründet waren? Und als Sie den Mut aufgebracht und sich Ihrer Angst gestellt hatten, war die Situation weit weniger schwierig als gedacht? Studien belegen, dass ca. vier von fünf Ängsten unbegründet sind. Und selbst begründeten Ängsten können wir begegnen, weil wir Menschen weit belastbarer und einfallsreicher sind, als wir uns selbst zutrauen.

Wenn Sie Veränderungen planen, sollten Sie sich aus diesem Grund Ihre verschiedenen Ängste bewusst machen, die Sie daran hindern die Risiken einzugehen, die für die geplante Veränderung notwendig sind.

Das hat nichts mit Waghalsigkeit zu tun. Es geht darum, Ihre Ängste zu analysieren und Ihrer negativen inneren Stimme standzuhalten, die Sie zurückhält. Und es geht darum, dass Sie Ihrem eigenen Urteilsvermögen trauen. Wiederholen Sie in Gedanken Ihr Mantra: „Mach es einfach!“

Vier von fünf Ängsten sind unbegründet.

FALLBEISPIEL

Wie schon auf Seite 10 geschildert, plante Peter seinen Ruhestand. In der Vorbereitungsphase durchlebte er eine ganze Reihe von Ängsten, unter anderem z. B. ...

- die Angst, sich ohne seinen täglichen Weg zur Arbeit zu langweilen.
- die Angst, seine Frau gegen sich aufzubringen, die die Stadt zuerst nicht hatte verlassen wollen.
- die Angst, zu wenig finanzielle Mittel für das geplante Leben zu haben.
- die Angst, Freunde und Familie zurückzulassen.
- die Angst, seinen Traum nicht verwirklichen zu können.
- die Angst herauszufinden, dass der Umzug ein Fehler war.

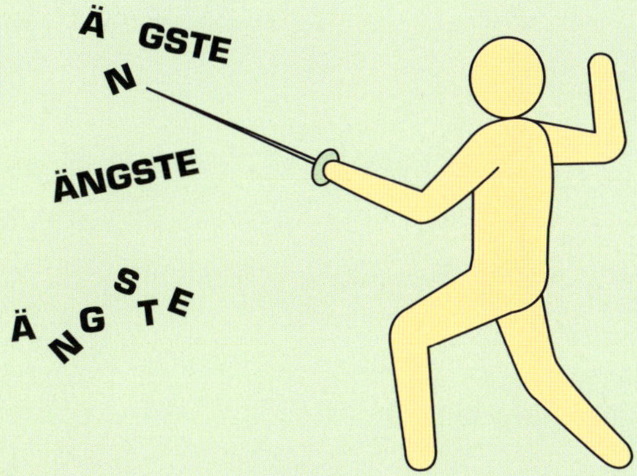

Peter überwand seine Ängste dadurch, dass er sich ihnen stellte und Strategien in seine Vorbereitungen miteinbezog, die seine Ängste verringerten und letztlich überflüssig machten. Als er weniger Einnahmen durch seine Börsenaktivitäten erzielte, begann er zu sparen. Weil er aktiv an seinen Ängsten arbeitete, hatte er das Gefühl, sie unter Kontrolle zu haben und weiterzukommen.

Ängste bewältigen

Nicht immer gelingt es, alle Ängste, die man hat, abzubauen. Angst zu haben ist nur natürlich. Am anderen Ende der Skala steht die Aufregung. Dieses durchaus positive Gefühl ist eng mit Veränderungen verbunden. Mit den folgenden Strategien können Sie Ängste bewältigen, die Ihrem Erfolg im Weg stehen.

STRATEGIEN

- **Sprechen Sie mit Freunden und Familie über Ihre Ängste. Lassen Sie sich ermutigen.**
- **Üben Sie vorab, indem Sie kleine Risiken eingehen, und nehmen Sie alle positiven Gefühle bewusst wahr, die mit diesen Risiken verbunden sind.**
- **Werden Sie Schritt für Schritt risikofreudiger.**
- **Fordern Sie Ihre negative innere Stimme heraus, wenn Sie Angst vor einem Misserfolg haben, indem Sie sich selbst bestärken. Z. B. können Sie sich immer wieder sagen, wie gut Sie eine bestimmte Aufgabe erledigen.**
- **Lassen Sie Ängste zu. Sie sind wertvolle Indikatoren für Veränderungen. Versuchen Sie dann, sich die freudige Aufregung vorzustellen, die Sie verspüren werden, sobald die Veränderung eingetreten ist.**

Mit den eigenen Ängsten umgehen zu können, ist unerlässlich für Veränderungen. Viele von uns haben aber Angst vor Umstellungen. Lassen wir zu, dass diese Angst die Kontrolle übernimmt, kann es passieren, dass wir die Gründe für die Veränderung aus den Augen verlieren. Dann ist der erste Impuls oft der wegzulaufen. Doch Sie dürfen nie vergessen, dass Ängste oft allein dadurch verschwinden, dass Sie ihnen, eventuell mit der Hilfe von anderen, ins Auge sehen.

Wir müssen die Grenzen unserer Komfortzone ausweiten.

DURCHSETZUNGSVERMÖGEN UND INTERAKTION

Es gibt viele Situationen, in denen Ihnen Durchsetzungsvermögen zu erfolgreichen Projektabschlüssen und Veränderungen verhelfen kann. Wir definieren zwei Hauptbereiche:

1. **Initiative ergreifen, optimistisch bleiben und Ziele setzen.**

2. **Festlegung und Interaktion mit den unmittelbar Betroffenen.**

Initiative ergreifen, optimistisch bleiben und Ziele setzen

Durchsetzungsvermögen zu zeigen, ist eine von vielen möglichen Verhaltensweisen im Umgang mit anderen Menschen. Sie spiegelt unsere Werte, Einstellungen, Überzeugungen und unser Selbstwertgefühl wider.

Stellen wir uns eine halbierte Zwiebel vor. Unser Verhalten ist die äußere, sichtbare Schicht. Unter der Haut sind noch weitere Schichten, die unterschiedliche Merkmale unserer Persönlichkeit widerspiegeln und unser Verhalten beeinflussen wie z. B. Gedanken und Gefühle, Einstellungen und Überzeugungen und unsere Werte. Unser Selbstwertgefühl befindet sich im Zentrum.

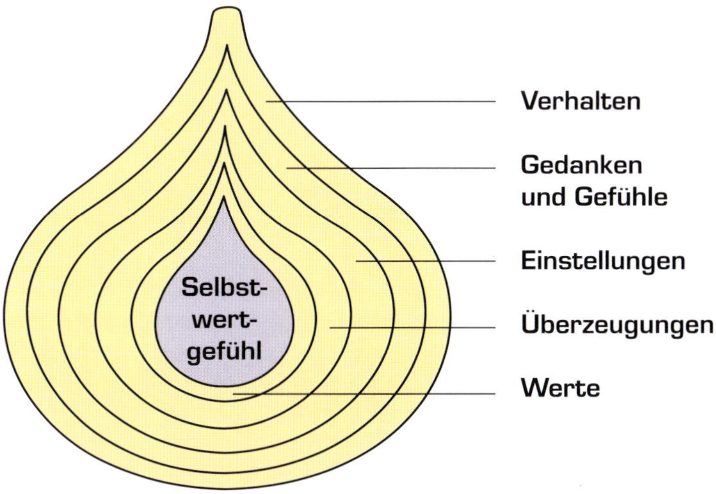

Wenn es um zwischenmenschliche Kontakte geht, gibt es vier verschiedene Verhaltensweisen:

1. **Durchsetzungsvermögen zu zeigen.**
2. **aggressiv zu sein.**
3. **passiv zu sein.**
4. **indirekte Aggressionen oder manipulatives Verhalten anzuwenden.**

1. Durchsetzungsvermögen zeigen

Sich gegen andere durchzusetzen, ist mit Respekt verbunden. Wir müssen die Menschen, mit denen wir es zu tun haben, respektieren und akzeptieren. Das wird immer leichter, je mehr wir unsere eigenen positiven und negativen Eigenschaften akzeptieren. Wir müssen andere nicht herabsetzen; wir müssen nicht immer gewinnen. Anstatt sie abzugeben, tragen wir selbst die Verantwortung für unser Verhalten und unsere Entscheidungen.

Dadurch können wir offen und ehrlich um Unterstützung bitten, selbst wenn wir damit möglicherweise Ablehnung riskieren. Aber auch wenn wir abgelehnt werden, stürzt uns das nicht in eine Krise – unser Selbstwertgefühl ist tief in uns verankert und hängt nicht von anderen ab. Wir können lernen, Grenzen mit Bestimmtheit zu setzen, damit andere wissen, wo wir stehen. Wir können mit Menschen und Situationen angemessen umgehen und uns selbst loben.

Sich durchzusetzen heißt, positiv und offensiv an die Dinge heranzugehen.

Diese Art von Verhalten entspringt einem hohen Selbstwertgefühl und ist am besten dazu geeignet, uns an unsere Ziele zu bringen. Trotzdem gibt es natürlich keine Garantie dafür, dass man immer erreicht, was man erreichen möchte. Im Umgang mit anderen Menschen muss die Fähigkeit sich durchzusetzen mit Kompromiss- und Verhandlungsbereitschaft verbunden sein. Nur so kann jeder gewinnen. Das zu erreichen ist nicht immer einfach.

2. Aggressiv sein

Bei aggressivem Verhalten geht es um Konkurrenz. Implizites oder explizites Ziel ist es zu siegen. Irgendjemand muss also verlieren. Für gewöhnlich wird das erreicht, indem Menschen herabgesetzt oder ihre Gefühle, Wünsche oder Rechte missachtet werden. Durch ihr geringes Selbstwertgefühl können es sich aggressive Menschen nicht erlauben, den Standpunkt von anderen zu berücksichtigen. Geraten sie in einen Konflikt, reagieren sie mit Angriff.

Aggressionen führen fast zwingend zu Überreaktionen. Verbale oder gar physische Misshandlungen hinterlassen verletzte Gefühle und Demütigung. Diese Gefühle werden aus Angst vor weiteren Angriffen nicht offen gezeigt, lösen aber Ärger und Ablehnung aus.

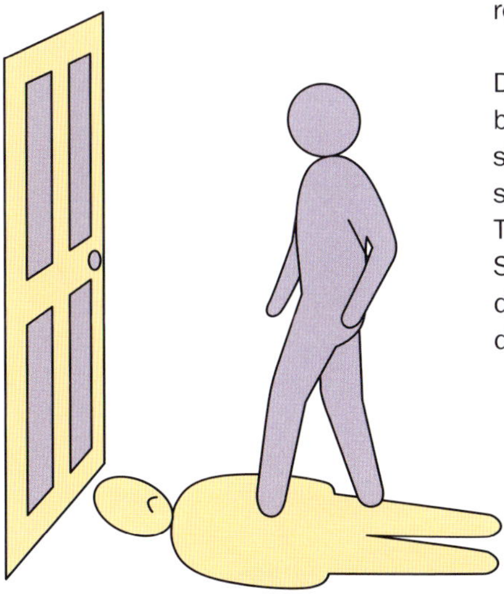

3. Passiv sein

Typisch für passives Verhalten ist es, der „Fußabstreifer" zu sein. Besonders für aggressive Charaktere ist so ein Verhalten fast schon eine Einladung. Passive Menschen glauben, dass sie Opfer von unfairem und ungerechtem Verhalten oder sogar des Schicksals sind. Sie können keine Entscheidungen treffen – denn es ist einfacher, sich herauszuhalten und anderen die Entscheidungen zu überlassen. Mitmenschen lehnen diese Passivität oft ab. Am Anfang versuchen manche noch zu helfen, aber schon bald wundern sie sich darüber, dass ihre Hilfe niemals ausreicht. So entsteht Misstrauen, die Helfer verlieren die Geduld und meiden den Kontakt.

Die Aussichten, die passives Verhalten bietet, sind nicht rosig. Die Betroffenen sind wegen ihrer mangelnden Willensstärke frustriert und resignieren. Ein Teufelskreis entsteht. Selbstzweifel und Selbstmitleid führen immer wieder dazu, dass Konfliktsituationen entweder geduldet oder komplett vermieden werden.

4. Indirekte Aggressionen und manipulatives Verhalten

Auch indirekt aggressives Verhalten entsteht durch ein geringes Selbstwertgefühl. Es ist aber subtiler als offensichtlich aggressives Verhalten. Der Drang zu manipulieren wird durch die Angst vor Bloßstellung erzeugt. Man glaubt, dass Kontrolle und Manipulation die sichere Alternative zu Konfrontationen sind.

Manipulation bedeutet, dass wir uns selbst und andere täuschen. Wir erreichen unsere Ziele mit unehrlichen Tricks, die andere dazu bringen, sich schuldig zu fühlen, wenn sie nicht das tun, was wir von ihnen erwarten. Indirekt aggressiv oder manipulativ handelnde Menschen können oberflächlich durchaus so wirken, als hätten sie eine hohe Meinung von ihren Mitmenschen. Oft spürt man aber trotzdem ihr Missfallen. Jeder Versuch, die Situation einzuschätzen oder zu klären, wird abgewiesen. Diese Verleugnung verwirrt andere Menschen; sie fühlen sich heruntergeputzt und schuldig.

Gelerntes Verhalten kann man mit Willensstärke ändern.

Verhaltensweisen ändern

Jeder Mensch zeigt alle der vier genannten Verhaltensweisen, doch für bestimmte Situationen oder im Umgang mit bestimmten Menschen können wir ganz besondere Verhaltensmuster entwickeln. Weil Verhalten oft schon in früher Kindheit gelernt wird, ist es tief verwurzelt, selbst dann, wenn es nicht vorteilhaft für uns ist. Das Gute daran ist aber, dass wir Gelerntes, wenn nötig, abändern können. Das ist zwar nicht ganz leicht, aber mit Entschlossenheit und Willensstärke können wir es schaffen.

Wenn Sie Pläne oder Veränderungen umsetzen wollen, sollten Sie herausfinden, wie Sie sich bevorzugt in verschiedenen Situationen verhalten. Diese Verhaltensweisen haben nämlich positive oder auch negative Auswirkungen auf Ihre Arbeit und beeinflussen Ihre Erfolgschancen.

FALLBEISPIEL

Wie auf Seite 11 geschildert, hatte sich Sina dazu entschlossen, ihre berufliche Situation zu verändern. Ihre erste Maßnahme war, den Leiter der Personalabteilung zu fragen, ob er ihr flexible Arbeitszeiten zusichern könnte. Außerdem wollte sie privat Aufträge firmenfremder Kunden annehmen. Sie hatte aber große Bedenken, diese Bitten zu äußern. Ihre innere Stimme lief zur Hochform auf und bombardierte sie förmlich mit negativen Botschaften. Sie sei nicht einmal gut genug überhaupt darüber nachzudenken, als freiberufliche Beraterin für interne Organisationsentwicklung zu arbeiten.

Das alles löste passives Verhalten bei Sina aus. Drei Mal sagte sie den Termin mit dem Leiter der Personalabteilung ab. Schließlich bat sie eine Freundin um Hilfe. Diese wies sie auf ihre Fähigkeiten hin und machte ihr Mut, einen neuen Termin zu vereinbaren. Sie gab Sina auch den Rat, sich vor dem Gespräch genau zu überlegen, was sie wollte und welche Kompromisse sie eingehen würde, falls sie ihre Idealvorstellung nicht durchsetzen konnte. Das sollte sie schon vorab formulieren, um während des Gespräches positiv und selbstsicher zu wirken.

Immer noch zögernd nahm Sina den Termin wahr. Sie hatte jetzt aber mehr Vertrauen in ihre Fähigkeiten und war überzeugt von ihrem Anliegen. Der Personalchef war von ihrer Idee hellauf begeistert und versicherte ihr sogar, dass er hocherfreut sei, dass Sina ihre Karriere ankurbelte. Sie könne sich jederzeit an ihn wenden, wenn sie weitere Unterstützung brauchen sollte. Sina war rundum zufrieden und belegte einen Kurs für Selbstbehauptung, um zukünftigen Situationen dieser Art besser begegnen zu können.

Auf dem Weg zu mehr Durchsetzungsvermögen

Sina war einen ersten wichtigen Schritt in Richtung ihrer neuen Karriere als freiberufliche Beraterin gegangen, indem sie die Kontrolle übernahm. Sie bereitete ihr Gespräch gründlich vor, was ihr das Selbstvertrauen gab, sich gegenüber ihrem Gesprächspartner zu behaupten.

Für Sina war das nicht einfach und sie musste darauf achten, nicht in ihr altes, passives Verhaltensmuster zurückzufallen. Das hätte sie nämlich davon abgehalten, ihre Ziele zu erreichen.

Will man sich behaupten, sollte man Gespräche planen und Vorbereitungen treffen. Das mag zeitaufwendig erscheinen, doch Sinas Beispiel macht deutlich, dass dieses Vorgehen durchaus Vorteile mit sich bringt.

AUF DEM WEG ZU MEHR DURCHSETZUNGSVERMÖGEN

Sie ...

- **wissen, was Sie wollen,**
- **sind überzeugt von Ihrem Anliegen,**
- **ergreifen die Initiative.**

Übernehmen Sie die Kontrolle und genießen Sie die Vorteile.

Wer ist bei Ihnen unmittelbar betroffen und wie binden Sie diese Personen ein?

Geht es um größere Projekte, z. B. einen Umzug, müssen Sie einige Menschen miteinbeziehen. Gerade die Menschen, die eine Schlüsselrolle für den Erfolg des Projekts spielen, können diesen auch verhindern. Sie dürfen deshalb niemanden, der unmittelbar betroffen ist, vergessen, wenn das Projekt erfolgreich abgeschlossen werden soll.

Betroffene können Familienmitglieder sein – diese sind direkt an dem Projekt beteiligt. Oder aber es handelt sich um Personen, gegen die Sie sich behaupten müssen, um das Projekt überhaupt durchführen zu können. Das Diagramm auf der nächsten Seite listet Personen auf, die z. B. bei der Planung eines Umzugs beteiligt sein könnten.

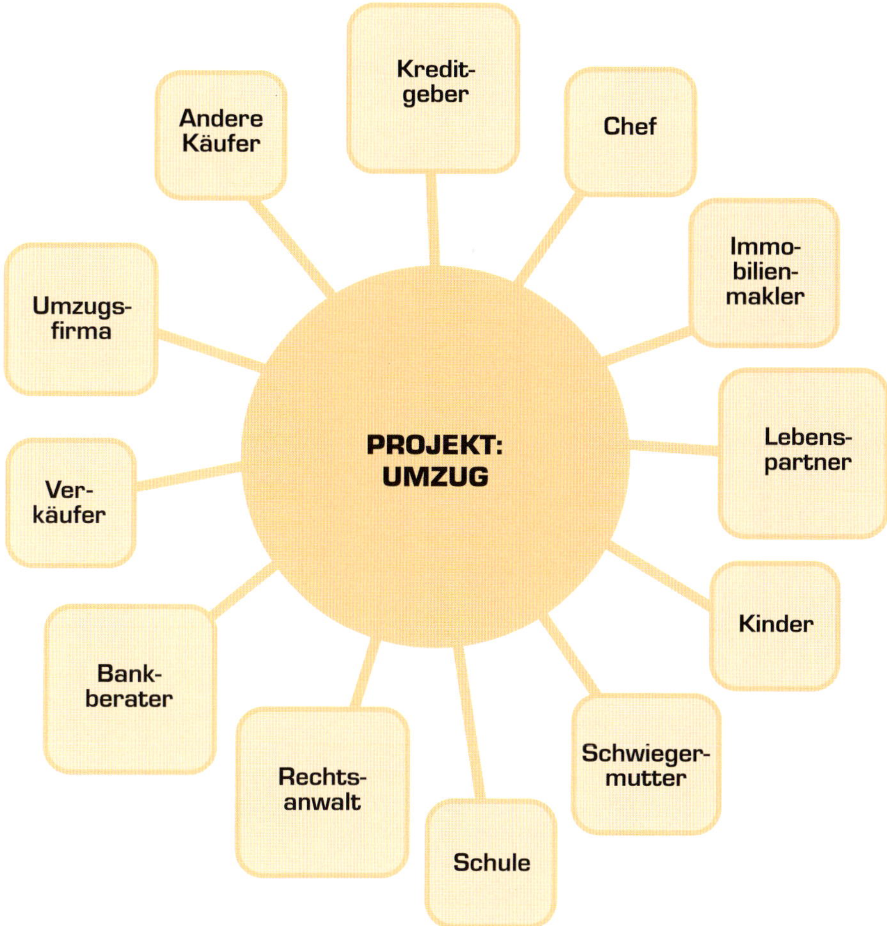

FALLBEISPIEL

Sarah plante ihren Umzug und machte sich klar, welche Menschen eine Schlüsselrolle dafür spielten, also Betroffene waren. Manche waren leichter auszumachen als andere. So musste Sarah unerwartet ihre Schwiegermutter davon überzeugen, dass ein Umzug sich nicht negativ auf ihre Beziehung zueinander auswirken würde.

Auch finanzielle Überlegungen spielten eine Rolle. Um sich ihr Traumhaus leisten zu können, musste sie ihren Chef um eine Gehaltserhöhung bitten.

Vorbereitung für ein Treffen mit dem Chef

Die Interaktion mit den Betroffenen gestaltet sich unterschiedlich. So kennt Sarah die Meinung ihres Lebensgefährten, ist sich aber nicht sicher, wie die Antwort ihres Chefs auf die Frage nach einer Gehaltserhöhung lauten wird. Deswegen sollte sie sich vorher erkundigen, um vorbereitet zu sein und selbstbewusster auftreten zu können.

Die Gesprächsschablone

Für viele Menschen könnte die folgende Vorlage sehr hilfreich sein. Stellen Sie sich selbst die aufgeführten Fragen, bevor Sie sich mit einer der Personen, die von Ihrem Projekt betroffen sind, treffen.

DIE GESPRÄCHSSCHABLONE

Sie selbst

- Welche Stärken und Schwächen haben Sie?
- Welchen Einfluss können Sie nehmen?
- Wie sieht die Beziehung zu Ihrem Gesprächspartner aus?
- Wie könnten Sie sich auf das Gespräch vorbereiten?

Die Betroffenen

- Was sind deren Stärken und Schwächen?
- Welche Haltung könnten sie einnehmen?
- Wie viel Einfluss können sie darauf nehmen, Ihr Anliegen zu bewilligen?
- Wie schätzen sie ihr Verhältnis zueinander ein?

Die Aufgabe

- Welches Ziel haben Sie?
- Welche Kompromisse könnten Sie eingehen?
- Wie sieht Ihr Wunschergebnis aus?
- Was können Sie realistisch erwarten und ab welchem Punkt gewinnen oder verlieren Sie?
- Auf welche Hilfsmittel müssen Sie zurückgreifen?
- Welche Beschränkungen gibt es?

Die Umgebung

- Welcher Ort wäre für das Gespräch am besten geeignet?
- Welche Atmosphäre wollen Sie schaffen – soll das Gesprüch formal oder eher ungezwungen ablaufen?
- Welche Zeit wäre gut?
- Werden Sie Unterbrechungen ausschließen können?

Selbstbewusstes Auftreten führt zu den besten Ergebnissen, wenn es darum geht, eine Position anderen gegenüber zu behaupten. Strahlen Sie Selbstbewusstsein aus, können Sie viel leichter Beziehungen aufbauen und diese auch aufrechterhalten.

FALLBEISPIEL

Denken wir an Jana und ihr Platzproblem zurück (s. S. 12). Einer der Menschen, mit denen sie sich auseinandersetzen musste, war ihr Freund Richard. Er war der Meinung, dass die Umgestaltung des Gästezimmers in ein Ankleidezimmer keine gute Idee war und den Wert der Immobilie mindern würde. Er sah auch nicht ein, einen Handwerker zu bezahlen, weil er die neuen Schränke selbst bauen könnte.

Richards Haltung stellte Jana vor zwei große Probleme, denen sie sich stellen und die sie ausräumen musste.

- **Wie konnte Jana Richard davon überzeugen, dass ihre Idee gut war?**
- **Wie konnte sie Richard davon überzeugen, einen Handwerker zu bestellen (sie hatte sich schon früher ein Bild von Richards handwerklichen Fähigkeiten machen können)?**

Jana erledigte ihre Hausaufgaben: Sie sprach mit der Bank darüber, ob die Umgestaltung den Wert der Immobilie mindert. Die Bank versicherte ihr, dass eine solche Umgestaltung den Wert eher steigert, weil dann mehr Stauraum zur Verfügung steht und man immer noch Platz für ein einzelnes Bett hat. Jana gab diese Informationen an Richard weiter und schlug vor, die Umgestaltung nun wie geplant durchzuführen. Richard war einverstanden. Das zweite Problem war allerdings nicht so leicht zu lösen. Richard konnte nicht verstehen, warum Jana einen Handwerker kommen lassen wollte, weil er die Schränke doch genauso gut selbst bauen könnte.

Fünf Methoden sich durchzusetzen

Diese fünf Methoden können Sie bei einer ganzen Reihe von Situationen anwenden. Die Methoden sind nicht in einer bestimmten Reihenfolge aufgeführt. Wichtig ist, dass Sie sich die Zeit nehmen, alle fünf Methoden durchzuarbeiten.

1. Konkret werden

Um konkret zu werden, müssen Sie sich entscheiden, was Sie wollen, und darauf vorbereitet sein, das auch konkret und direkt anzusprechen. Ihre Aussage sollte einfach und kurz sein. Wollen Sie z. B. eine Anfrage ablehnen, ist der direkte Weg ein einfaches Nein. Oft entscheiden wir uns aber für Alternativen, die bestenfalls abgeschwächt oder im schlimmsten Fall verwirrend sind.

Lernen Sie, sich mithilfe dieser fünf Methoden durchzusetzen.

2. Wiederholung

Wiederholungen helfen Ihnen dabei, nicht von Ihrer Aussage oder Ihrem Anliegen abzukommen. Sie können einen festen Standpunkt beibehalten, ohne auf manipulative Kommentare, unwichtige, logische Ausführungen oder verwirrende Argumente hereinzufallen, die nur dazu gedacht sind, Sie von Ihrem Standpunkt abzubringen.

3. Mit Manipulation umgehen

Um mit Menschen kommunizieren zu können, die versuchen Sie zu manipulieren, müssen Sie eine Distanz aufbauen. So verbergen Sie Ihre wahren Gefühle. Zwar lassen Sie durchblicken, dass Sie Ihrem Gegenüber zugehört haben, doch innerlich lassen Sie sich nicht darauf ein und kommen auch nicht von Ihrem Standpunkt ab. So können Sie den Ausführungen Ihres Gegenübers folgen, bleiben aber weiterhin überzeugt von Ihrem Anliegen oder Ihrer Aussage, anstatt aggressiv zu werden oder in die Defensive zu gehen.

4. Realistische Kompromisse

Vergessen Sie nicht, dass es bei einem Konflikt zwischen Ihren Wünschen und Bedürfnissen und denen einer anderen Person nicht darum geht, sich auf Kosten des anderen durchzusetzen. Sie müssen auf Augenhöhe verhandeln, was bedeutet, dass ein Kompromiss gefunden werden muss, der beiden Seiten gerecht wird.

Wenn man in einer schwierigen Situation einen Kompromiss findet, setzt man nicht die eigene Selbstachtung herab. Immer wenn Sie versuchen sich durchzusetzen, sollten Sie vorher sowohl Ihr Wunschergebnis und eine realistische Position als auch die Punkte festlegen, bei denen Sie gewinnen oder verlieren werden.

5. Selbsterkenntnis

Sie können Ihre Ängste im Handumdrehen abschwächen, indem Sie mit einer einfachen Aussage wie z. B. „Ich bin nervös." oder „Ich habe Schuldgefühle." Ihre Gefühle erkennen. So können Sie sich entspannen und sich Ihren Gefühlen stellen.

Jana wendete die fünf Methoden in ihrem Dialog mit Richard an, um sich durchzusetzen.

Richard, ich habe Angst, dir das zu sagen, aber mir wäre es lieber, wenn Toni die Schränke baut. Ich glaube nämlich, dass er es professioneller und schneller machen würde. (Wiederholung und Selbsterkenntnis)
Ich dachte, du denkst, dass ich ein guter Heimwerker bin.

Ich finde auch, dass du schon einiges super selbst hinbekommen hast, aber trotzdem denke ich, dass Zimmerarbeiten nicht deine Stärke sind. Deswegen sollten wir Toni bitten, die Schränke zu bauen. (Mit Manipulation umgehen) Wie wäre es mit einem Kompromiss? Toni baut die Schränke und du streichst sie? (Realistischer Kompromiss)
Tja, wenn du wirklich glaubst, dass ich sie nicht ordentlich bauen könnte …

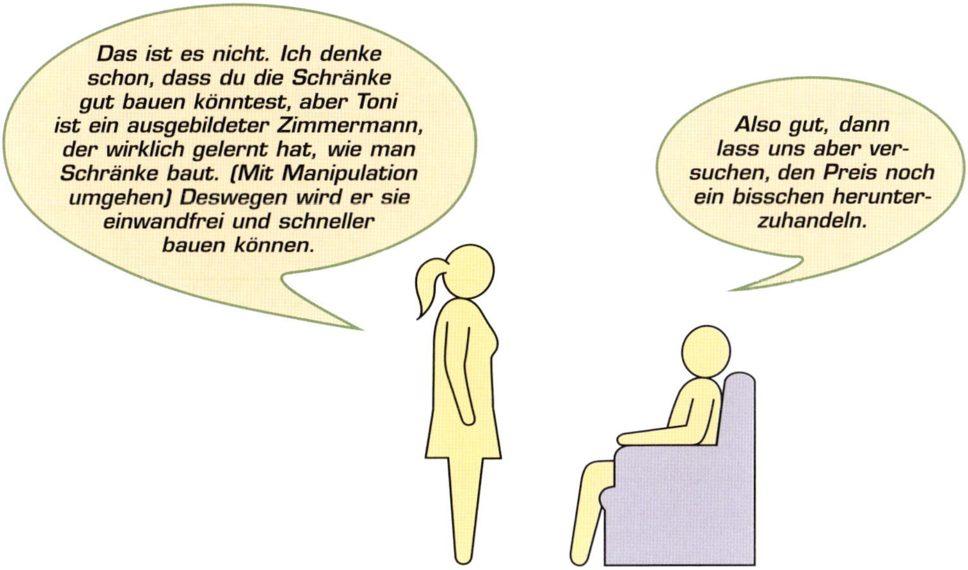

In diesem Dialog zwischen Richard und Jana wurden alle fünf Methoden eingesetzt. Jana blieb ruhig, war klar und ehrlich und dadurch in der Lage, sich gegen Richard durchzusetzen und Toni den Auftrag zu geben. Jana entschied sich für ein gemeinsames Essen, bei dem die beiden Zeit hatten, das Thema zu besprechen.

Bestimmt zu agieren kann viel Zeit und Energie kosten. Doch nur wenn Sie sich so verhalten, wird Ihr Selbstwertgefühl gestärkt, was Ihnen wiederum die besten Chancen bietet, sich erfolgreich gegen andere zu behaupten. Deshalb wird sich der zusätzliche Aufwand auf lange Sicht bestimmt lohnen.

Durchsetzungsvermögen setzt Kompromissfähigkeit voraus, die zu einem Ergebnis führen kann, das alle Beteiligten zufriedenstellt.

FÄHIGKEIT 4

DER UMGANG MIT KONFLIKTEN

Der Dialog zwischen Jana und Richard (s. S. 55–57) hat einige Gelegenheiten für die Entstehung eines Konflikts geboten. Mit Konflikt sind hier die unterschiedlichen Standpunkte der beiden Seiten gemeint, die nicht miteinander vereinbart werden konnten. Dadurch, dass Jana sich bestimmt und selbstbewusst verhielt, konnte sie ruhig bleiben und verlor nicht die Kontrolle. Und so konnte ein Konflikt vermieden werden.

Der Dialog hätte aber auch ganz anders ablaufen können, hätte Jana sich anders verhalten.

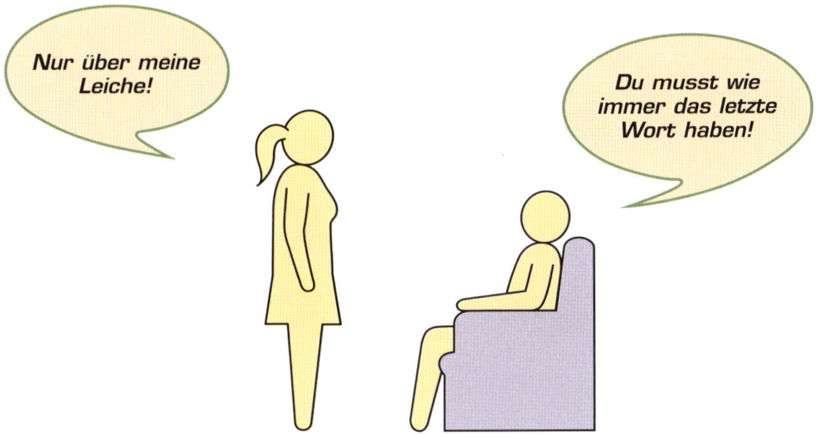

Vielen von uns kommt so ein aggressiver Dialog bestimmt bekannt vor. Das Ergebnis ist dann wahrscheinlich, dass das Problem nicht gelöst wird. Beide werden sich, überzeugt davon recht zu haben, auf ihre Positionen versteifen. Und es ist nicht auszuschließen, dass Richard die Schränke ohne Janas Wissen bauen wird.

Konflikte lösen

Konfliktsituationen entstehen dann, wenn die Vorstellungen von zwei Parteien unvereinbar erscheinen. In solchen Situationen lässt sich menschliches Verhalten in zwei Kategorien unterteilen: Konfrontation (die Bemühungen einer Partei, ihre eigenen Vorstellungen durchzusetzen) und Kooperation (die Bemühungen einer Partei, auch die Vorstellungen der anderen Partei umzusetzen).

Es gibt fünf Strategien, um Konflikte zu lösen:

1. **Selbstbehauptung**
2. **Nachgeben**
3. **Vermeidung**
4. **Zusammenarbeit**
5. **Kompromissfindung**

Diese fünf Strategien sind in verschiedenen Konfliktsituationen sinnvoll. Die Kunst besteht darin, den richtigen Ansatz für den jeweiligen Konflikt zu finden. Die beiden oben beschriebenen Verhaltensweisen der Konfrontation und Kooperation können für die Definition dieser fünf Strategien für den Umgang mit Konflikten herangezogen werden.

1. Selbstbehauptung

Dieser Ansatz basiert auf Konfrontation und nicht auf Kooperation. Eine Partei hat das Ziel, die eigenen Vorstellungen auf Kosten der anderen Partei durchzusetzen. Dieser Ansatz ist machtorientiert. Der Betreffende nutzt jede Möglichkeit, die ihm zur Verfügung steht, wie z. B. seine Argumentationsfähigkeit, seinen Status oder seinen finanziellen Spielraum, um die Oberhand zu gewinnen. Selbstbehauptung kann aber auch bedeuten, für seine Rechte einzustehen oder den Standpunkt zu verteidigen, von dem man überzeugt ist.

2. Nachgeben

Dieser Ansatz basiert auf Kooperation und nicht auf Konfrontation, ist also das genaue Gegenteil von Selbstbehauptung. Gibt eine Partei nach, vernachlässigt sie ihr eigenes Anliegen, um die andere Partei zufriedenzustellen. In diesem Verhalten schwingt Selbstaufopferung mit, weil es in selbstloser Großzügigkeit enden kann, die dazu führt, dass sogar Forderungen akzeptiert werden, die nichts mehr mit der eigenen Auffassung zu tun haben.

3. Vermeidung

Dieser dritte Ansatz basiert weder auf Konfrontation noch auf Kooperation. Die Partei verfolgt überhaupt kein Ziel. Der Konflikt wird gar nicht erst eingegangen. Stattdessen wird er diplomatisch umgangen, aufgeschoben oder ignoriert.

4. Zusammenarbeit

Dieser Ansatz beinhaltet Konfrontation und Kooperation, ist also das Gegenteil von Vermeidung. Zusammenarbeit setzt voraus, dass man versucht, mit der anderen Partei Lösungen zu suchen, die den Vorstellungen von allen Beteiligten entsprechen. Das Problem muss durchleuchtet werden, um die jeweiligen Ansprüche zu erkennen und umsetzen zu können. Das kann auf folgende Art und Weise geschehen: Man spricht über eine Meinungsverschiedenheit, um die Auffassung der anderen Seite kennenzulernen; man vereinbart, einen Zustand zu ändern, der sonst zu Wettbewerb führen würde; man versucht gemeinsam, kreative Lösungen zu finden.

5. Kompromissfindung

Dieser Ansatz ist eine Mischform aus Konfrontation und Kooperation. Ziel ist es, eine zweckdienliche Lösung zu finden, die als Kompromiss von beiden Seiten akzeptiert werden kann. Jede Partei kann einen Teil ihrer Vorstellungen durchsetzen, aber alle müssen auch zu einem gewissen Grad nachgeben. Ein Problem wird also direkt angesprochen und nicht vermieden, allerdings nicht so gründlich durchleuchtet wie bei einer wirklichen Zusammenarbeit. Kompromisse findet man, indem man versucht Gemeinsamkeiten zu finden, indem man Zugeständnisse macht oder einen Mittelweg sucht.

Wählen Sie die richtige Strategie zur Konfliktbewältigung

Die verschiedenen Strategien zur Lösung von Konflikten könnten in den folgenden Situationen angewendet werden.

SELBSTBEHAUPTUNG

- **Wenn man schnell handeln muss, z. B. in einer Notfallsituation.**
- **In wichtigen Angelegenheiten, die unbeliebte Entscheidungen erfordern wie z. B. bei Einsparungsmaßnahmen.**
- **Wenn es um das Wohl der Firma geht und Sie wissen, dass Sie das Richtige tun.**
- **Um sich selbst gegen Menschen zu schützen, die aus passivem Verhalten Vorteile ziehen möchten.**

NACHGEBEN

- Wenn Sie erkennen, dass Sie im Unrecht sind; um einer besseren Idee den Vortritt zu lassen; um von anderen zu lernen und zu zeigen, dass Sie vernünftig sind.
- Wenn das Thema für andere wichtiger ist als für Sie; um anderen weiterzuhelfen; als Geste des guten Willens; um Kooperation zu gewährleisten.
- Um Punkte zu sammeln, auf die Sie in der Zukunft zurückgreifen können, wenn es für Sie wichtig ist.
- Wenn weitere Selbstbehauptung nur der Sache schaden würde; wenn Sie unterlegen sind.
- Wenn es besonders wichtig ist, die Harmonie zu fördern, und Störungen auf jeden Fall vermieden werden sollten.
- Um anderen zu helfen, sich an die Führungsrolle zu gewöhnen, indem Sie sie eigene Erfahrungen machen lassen.

VERMEIDUNG

- Wenn das Problem minimal oder nur vorübergehend ist; wenn andere Probleme dringender sind.
- Wenn Sie keine Chance haben Ihre Vorstellungen umzusetzen, z. B. wenn Sie keine Entscheidungen treffen dürfen oder vor Problemen stehen, deren Lösung Sie nicht beeinflussen können (Bundespolitik, eine Persönlichkeit etc.)
- Wenn der zu erwartende Schaden, der durch den Konflikt entstehen würde, die Vorteile der Lösung überwiegt.
- Um anderen die Möglichkeit zu geben sich zu beruhigen; um Spannungen auf ein angemessenes Niveau zu senken und um die Situation ruhig aus einem anderen Blickwinkel zu betrachten.
- Wenn weitere Informationen zu einem besseren Ergebnis führen könnten als eine sofortige Entscheidung.
- Wenn andere den Konflikt effektiver lösen können.
- Wenn das Problem Nebenprodukt eines anderen Problems ist.

ZUSAMMENARBEIT

- Um eine gemeinsame Lösung zu finden, wenn ein Kompromiss nicht ausreichen würde.
- Wenn Sie etwas lernen oder Ihre eigenen Annahmen überprüfen wollen bzw. die Ansicht von anderen verstehen möchten.
- Um Erkenntnisse von anderen in die Problemlösung miteinzubeziehen.
- Um mehr Engagement für eine Sache zu erreichen, indem die Vorstellungen der anderen Seite in beiderseitigem Einverständnis in die Entscheidung einfließen.
- Um zwischenmenschliche Schwierigkeiten im Team, welche die Projekte beeinträchtigen oder unmöglich machen, aus dem Weg zu räumen.

KOMPROMISSFINDUNG

- Wenn die Ziele zwar wichtig sind, einen gewissen Aufwand oder eine Störung aber nicht rechtfertigen.
- Wenn sich zwei gleich starke Parteien auf völlig unvereinbare Ziele versteift haben, z. B. bei Verhandlungen zwischen Arbeitgebern und Arbeitnehmern.
- Um bei schwierigen Angelegenheiten Etappenziele erreichen zu können.
- Um auch unter Zeitdruck brauchbare Lösungen finden zu können.
- Als Sicherheitsnetz, wenn weder Zusammenarbeit noch Selbstbehauptung zu einem Ergebnis führen.

Übung zur Konflikteinschätzung

Zwei Überlegungen erlauben Ihnen, angemessen auf einen tatsächlichen Konflikt zu reagieren:

- **Wie wichtig ist das Ergebnis?**
- **Welche Bedeutung hat Ihre Beziehung zu den anderen an dem Konflikt beteiligten Personen?**

Auf der nächsten Seite finden Sie zehn Aussagenpaare, die alle eine Konfliktsituation darstellen. Kreuzen Sie jeweils die Aussage an, die eher auf Sie zutrifft.

TEST

P Mir ist es egal, was der andere nach dem Konflikt von mir denkt.
R Mir ist es wichtig, nach dem Konflikt ein entspanntes Verhältnis zu dem anderen zu haben.

M Es ist nicht das Ende der Welt, wenn ich diesen Konflikt nicht löse.
O Mir liegt sehr viel an der Lösung dieses Konflikts.

P Ich habe keine persönliche oder geschäftliche Beziehung mit dem anderen, die wichtig wäre.
R Mein Verhältnis zu dem anderen ist aus geschäftlichen und persönlichen Gründen wichtig.

M Der Zeitaufwand und der Ärger, die mit der Lösung dieses Konflikts einhergehen, sind es womöglich gar nicht wert.
O Ich erwarte, dass sich die Lösung dieses Konflikts für mich lohnt, wenn sie relativ unproblematisch umzusetzen ist.

P Ich tausche kaum Gefühle und Informationen aus.
R Mein Verhältnis zu dem anderen basiert auf gemeinsamen Meinungen und ausgetauschten Informationen.

M Ich gehe nicht davon aus, dass die Lösung dieses Konflikts Auswirkungen auf meinen zukünftigen Kontakt mit dem anderen haben wird.
O Die Lösung dieses Konflikts wird mustergültig für zukünftige Konflikte sein.

P Meine Kommunikation mit dem anderen war sehr eingeschränkt.
R Meine Kommunikation mit dem anderen war umfangreich.

M Ich werde nicht schlechter von mir selbst denken, wenn ich unterliege.
O Ich werde mich nicht gut fühlen, wenn ich diesen Konflikt nicht gut lösen kann.

P Ich stehe in keinem Abhängigkeitsverhältnis zu dem anderen.
R Wir haben aufgrund unserer Arbeitssituation gleiche Interessen.

M Die Probleme, um die es geht, sind klar und deutlich definiert.
O Ich nehme an, dass es ein paar versteckte Einflüsse in diesem Konflikt gibt.

Ihr Ergebnis

Zählen Sie, wie oft Sie welchen Buchstaben angekreuzt haben. Wie oft haben Sie z. B. **R** und wie oft **O** angekreuzt? Ihr Ergebnis kann nun in dieses Diagramm eingetragen werden, um Ihnen bei der Erarbeitung einer Strategie zu helfen, mit der Sie Ihre Konflikte am besten lösen können.

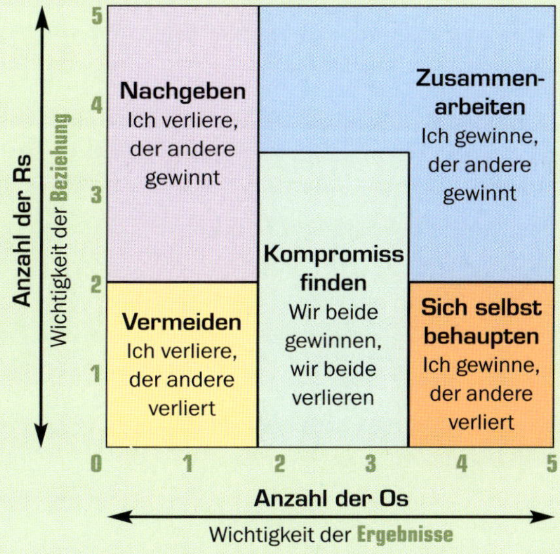

FÄHIGKEIT 5

KONFRONTATION

Eine Methode, um eine andere Person dazu zu bewegen ihren Standpunkt zu überdenken, ist Konfrontation. Geschickt angewendet, können Sie so sehr viel Einfluss ausüben und gut mit Konflikten umgehen. Menschen, die zu viel Gebrauch von dieser Methode machen, werden als aggressiv wahrgenommen und deswegen gefürchtet und gemieden.

Was ist Konfrontation?

Konfrontation bedeutet, ausdrücklich dazwischen zu unterscheiden, ...

- **was Sie wertschätzen und was die andere Person wertschätzt.**
- **was Sie denken und was die andere Person denkt.**
- **was Sie fühlen und was die andere Person fühlt.**

Mit dieser Unterscheidung riskieren Sie, die Gefühle der anderen Person zu verletzen.

Konfrontation unterscheidet auch ausdrücklich zwischen ...

- **dem, was Sie tun möchten und dem, was die andere Person tun möchte.**
- **dem, was Sie tatsächlich tun und dem, was die andere Person tut.**

Wenn Sie so eine Unterscheidung machen, muss einer von beiden sein Verhalten ändern. Vielleicht sind es ja Sie selbst?

Auch wird bei einer Konfrontation zwischen dem, was die andere Person sagt, und dem, was sie tut, unterschieden. Das kann den Betreffenden wütend machen und in die Defensive drängen.

Konflikte sind unvermeidlich.

Wie man konfrontiert:

1. **Erkennen Sie den Standpunkt der anderen Person als berechtigt an.**
2. **Machen Sie den Unterschied zwischen beiden Standpunkten klar.**
3. **Fragen Sie nach, um zu überprüfen, ob Sie richtig verstanden haben und verstanden worden sind.**

4. **Akzeptieren Sie Gefühle der Wut und der Ablehnung bei sich selbst und bei dem anderen. Übernehmen Sie die Verantwortung für Ihre Gefühle und lassen Sie den anderen das Gleiche tun.**

5. **Gehen Sie nicht an die Lösung eines Konflikts, bis nicht alle Differenzen angesprochen worden sind.**

6. **Fragen Sie den anderen nach seiner Wunschlösung. Formulieren Sie nun Ihre eigene und grenzen Sie diese ab.**

Konstruktiver Einsatz von Konfrontation

Die folgenden Aussagen stellen eine Konfrontation dar, sind aber nicht aggressiv und können deswegen auf konstruktive Weise zur Lösung von Konfliktsituationen beitragen.

FÄHIGKEIT 6

SELBSTBEWUSSTER UMGANG MIT WUT UND FRUSTRATION

Häufig führen Konflikte dazu, dass wir wütend oder frustriert sind. Wenn wir diese Gefühle aufkommen lassen, verlieren wir die Kontrolle über die Situation und es fällt uns schwer, bestimmt aufzutreten. Hier sind ein paar Strategien, um mit Ihrem Ärger in so einer Situation umgehen zu können.

Erkennen

Als ersten Schritt müssen Sie Ärger und Frust erkennen, um diese kanalisieren und kontrollieren zu können. Lernen Sie, die entsprechenden Signale zu erkennen. Wie reagieren Sie z. B. körperlich, wenn Sie wütend werden? Wie verhalten Sie sich? Beobachten Sie, ob und wie Sie Ihren Ärger verleugnen.

Entscheiden

Dann müssen Sie entscheiden, wie Sie vorgehen. Nehmen Sie sich Zeit, um genau herauszufinden, was der Anlass für Ihre Wut war. Solange Sie sich nicht wieder unter Kontrolle haben, sollten Sie Ihrem Ärger nicht gegenüber einer anderen Person Luft machen. Wenn Sie noch mehr Zeit brauchen, um sich zu beruhigen, ziehen Sie sich zurück. Diese „Vermeidung“, wie sie aus der Konfliktlösung bekannt ist, kann hier eine Hilfe sein.

Anwenden

Nutzen Sie Ihren Ärger als Energiequelle für neue Ideen und Projekte und um Veränderungen voranzutreiben.

Umsetzen

Machen Sie Ihrem Ärger Luft, indem Sie sich (später oder auch zu Hause) körperlich betätigen. Sie könnten schwimmen, joggen, aber auch laut schreien oder Altpapier zerreißen. Oder Sie entrümpeln endlich einmal den Dachboden.

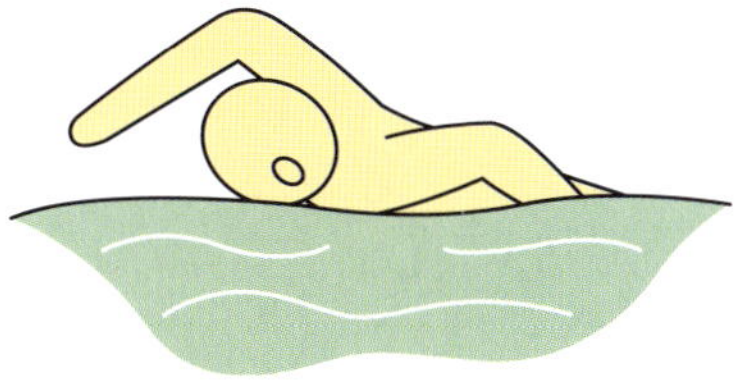

In Worte fassen

Greifen Sie auf das Mittel der Selbsterkenntnis zurück, um Ihren Ärger in Worte zu fassen. Sie müssen Ihre Wut annehmen. Sagen Sie also nicht: „Das macht mich wütend." Sagen Sie: „Ich bin wütend!" Seien Sie ehrlich zu sich selbst und spielen Sie Ihre Wut nicht herunter. „Ich bin etwas genervt", drückt Ihre Gefühle nicht aus, wenn Sie eigentlich richtig aufgebracht sind. Auch sollten Sie Ihre Wut nicht mit anderen Gefühlen wie z. B. Traurigkeit gleichsetzen. Nehmen Sie Ihren Ärger nicht auf die leichte Schulter.

Wissen

Lernen Sie Ihren Ärger mit seiner gesamten Bandbreite kennen: von leichter Irritation bis hin zu ungezügelter Wut. Es ist sinnvoll, schon eine schwächere Form des Ärgers in Worte zu fassen, um zu verhindern, dass der Ärger in Wut umschlägt. Ärger ist ein lebenswichtiges Signal, das Sie respektieren sollten. Am besten freunden Sie sich damit an. Wenn es um Konfliktbewältigung geht, sollten Sie auf keinen Fall alte, ungelöste Ärgernisse wieder aufgreifen, weil sie den Konflikt nur noch mehr verschärfen.

Konfrontation

Stellen Sie sich der Situation mithilfe der auf den Seiten 66–67 beschriebenen Techniken.

Loslösen

Lösen Sie sich von den destruktiven Methoden, mit denen Sie sich selbst, andere und auch Ihren Ärger missbrauchen. Hören Sie damit auf, sich und andere zu bestrafen. Erlauben Sie sich zu verzeihen und lösen Sie sich.

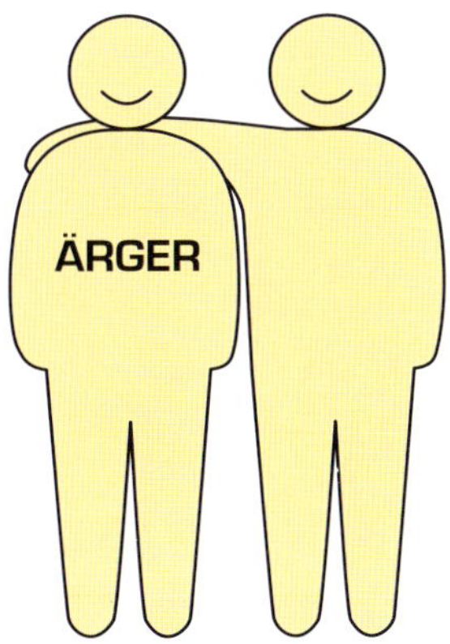

FÄHIGKEIT 7

ZEITEINTEILUNG UND ORGANISATION

Sich selbst zu organisieren und Prioritäten zu setzen, ist für die Durchführung von Projekten von entscheidender Bedeutung. Gute Vorsätze haben wir alle, aber wir geben uns zu wenig Zeit, lassen uns ablenken oder stellen fest, dass wir nicht organisiert genug an die Sache herangehen.

Bei der erfolgreichen Umsetzung von Projekten stellen klar gesteckte Ziele den Hauptbezugspunkt dar. Wir arbeiten auf diese Ziele hin und sind auf sie fixiert (Zielsetzung wird in Schritt 3 auf S. 97–98 beschrieben). Wie schaffen wir es jetzt effizient zu arbeiten? Um den Umgang mit der Zeit zu verbessern, müssen wir erkennen, wie wir unsere Zeit nutzen. Dazu teilen wir die Zeit in zwei Kategorien ein:

1. **Für sinnvolle Arbeit verwendete Zeit**

2. **Verschwendete Zeit**

Für sinnvolle Arbeit verwendete Zeit muss maximiert und verschwendete Zeit muss auf ein Minimum reduziert werden. Im Folgenden werden fünf Strategien vorgestellt, die Ihnen dabei helfen, Ihre Zeit optimal und effizient zu nutzen.

1. Wie wichtig Planung ist

Zeit besser einzuteilen bedeutet Pläne zu machen – für sich selbst und andere. Fast jede Aufgabe (sei es Telefonieren, Aufräumen oder die Vorbereitung eines Urlaubs) kann effektiver ausgeführt werden, wenn vorher ein bisschen Zeit für ihre Planung verwendet wird. Ein fundierter Aktionsplan kann, effektiv umgesetzt, Ideen Wirklichkeit werden lassen. Planung macht es Ihnen möglich, mehrere Aufgaben im Verlauf eines Projekts zu bewältigen, und stellt sicher, dass Sie jeder einzelnen die nötige Aufmerksamkeit zukommen lassen.

2. Richtig planen

Sobald Sie die Endziele für Ihr Vorhaben festgelegt haben, müssen Sie einen der wichtigsten Schritte des Planungsprozesses machen: Sie müssen Ihr Projekt in einzelne Aufgaben aufteilen und festlegen, wie wichtig diese jeweils sind. Halten Sie sich an diese fünf Regeln:

FÜNF EINFACHE REGELN

1. **Sie müssen bestens über Ihr Projekt informiert sein.**
2. **Lassen Sie Spielraum für Fehler. Legen Sie keine unrealistischen Termine fest.**
3. **Sie müssen sich über Mitarbeiter und Material im Klaren sein.**
4. **Planen Sie flexibel, sodass kleine Veränderungen, falls nötig, möglich sind.**
5. **Planen Sie umsichtig und vorausschauend.**

Terminplanung

Um Ihre Zeit so gut wie möglich zu nutzen, sollten Sie realistische Zeitfenster festlegen, die den verschiedenen Aufgaben angepasst sind. Wenn Sie z. B. ein Buch schreiben wollen, dann sollten Sie ein größeres Zeitfenster für das eigentliche Verfassen des Skriptes als für die Überarbeitung und Korrekturen festlegen.

Versuchen Sie, verschiedene Aufgaben entsprechend Ihrer optimalen Arbeitsweise auf verschiedene Wochentage oder Tagesabschnitte zu verteilen. Es ist sinnvoll, die wichtigsten Aufgaben dann zu erledigen, wenn Sie in Bestform sind.

Finden Sie heraus, wie lange Sie sich auf eine Sache konzentrieren können. Das ist von Mensch zu Mensch unterschiedlich. Denken Sie daran, dass Teamarbeit mehr Zeit in Anspruch nimmt.

Planen Sie Ihre Zeit sorgfältig.

3. Führen Sie einen Terminkalender

Ein Terminkalender ist eine unschätzbare Hilfe für die Planung eines Projekts. Die folgende Übung wird Ihnen zeigen, wie Sie einzelne Schritte planen können, und wird Sie außerdem während der folgenden Wochen und Monate als Erinnerungsstütze begleiten.

Planen Sie Ihre Projekte mit einem Terminkalender.

ÜBUNG

Planen Sie Ihr Jahr

Schreiben Sie am Anfang des Jahres folgende Punkte in Ihren Terminkalender:

- Angekündigte, einmalige Ereignisse
- Ferien
- Familienfeiern
- Wichtige Aufgaben oder Vorhaben

Planen Sie Ihren Monat

Am Monatsanfang planen Sie so:

- Freie Tage werden aufgelistet. Dann legen Sie fest, wie Sie diese verbringen möchten.
- Tage, die für wichtige Aufgaben oder Vorhaben vorgesehen sind, werden nicht anderweitig eingeplant.
- Planen Sie Zeit ein, um wichtige Veranstaltungen besuchen zu können.
- Reservieren Sie Zeit für wichtige Aufgaben, die kurzfristig erledigt werden müssen.

Planen Sie Ihre Woche

Gewöhnen Sie sich an folgende Planung am Wochenanfang:

- Setzen Sie sich klare Ziele für die Woche.
- Planen Sie Aktivitäten rechtzeitig.

Planen Sie Ihren Tag

Machen Sie regelmäßig eine effektive Tagesplanung:

- Schreiben Sie Ihren Tagesplan morgens, bevor Sie irgendetwas anderes tun.
- Planen Sie, die schwierigsten und wichtigsten Aufgaben zuerst zu erledigen.
- Nehmen Sie sich am Ende des Tages fünf Minuten Zeit, um Ihren Tagesplan nochmal durchzulesen und ihn, falls nötig, für den folgenden Tag anzupassen.

Diese Planungsvorschläge können, konsequent angewendet, eine deutliche Verbesserung Ihrer Projekt-Management-Kompetenzen mit sich bringen. Denn es ist schon lange bekannt, dass schon eine Stunde Planung die Dauer der Ausführung eines Projekts stark verkürzen kann.

4. Effektive Zeitplanung

Haben Sie Ihr Projekt oder Vorhaben erst einmal geplant, müssen Sie Ihre Zeit von Tag zu Tag einteilen. Dazu können Sie **unnötige Aufgaben streichen**, **Ihre Terminplanung sichern**, indem Sie bisher freie Zeiten für Ihr Projekt einplanen und gleichzeitig ausreichend Raum für Ruhephasen schaffen, die Ihnen neue Energie liefern werden, um **konzentriert arbeiten** zu können.

Unnötige Aufgaben aus der Planung streichen

Hierzu überprüfen Sie Ihre Aufgabenliste auf Angewohnheiten oder Arbeiten, die Sie gewohnheitsmäßig verrichten, die aber nicht unbedingt notwendig sind, z. B.:

- **Unnötig verkomplizierte Vorgehensweisen – Brauchen Sie für bestimmte Aufgaben im Rahmen Ihres Projekts wirklich einen Spezialisten (wie z. B. Jana, die ihre Schränke von einem Handwerker bauen lassen wollte, s. S. 12)?**

- **Schlechte Kommunikation – Wie wir gesehen haben, kann selbstbewusstes Auftreten Konflikte entschärfen und anderen eindeutig vermitteln, was Sie wollen.**

- **Alleinige Verantwortung – Sie müssen nicht alles allein machen. Delegieren Sie. Wer könnte Sie entlasten, damit Sie mehr Zeit für Ihr Projekt haben?**

- **Aufschübe – Vermeiden Sie diese durch Willenskraft und Mut.**

Terminplanung sichern

Unterteilen Sie Ihre Zeit in zwei Sparten: kontrollierbare und unkontrollierbare Zeit. Telefonanrufe, Anfragen und Besuche sind **unkontrollierbar**. Sie haben keinen Einfluss darauf. **Kontrollierbare** Zeit hingegen ist Zeit, die Sie sich uneingeschränkt selbst einteilen können und die Sie verbringen, wie es Ihnen gefällt.

Die Terminplanung zu sichern heißt, dass Sie sich einen Zeitblock nehmen, der nur aus kontrollierbarer Zeit besteht und deshalb keine Störungen mit sich bringt. Im besten Fall können Sie diesen Block in der Tageszeit ansiedeln, in der Sie am produktivsten sind. Über den Tag verteilt können Sie Zeitfenster für Aufgaben einteilen, die Sie nicht vorher festlegen können, die also unkontrolliert Zeit in Anspruch nehmen. Beispielsweise könnte eine halbe Stunde morgens und abends für das Lesen und Beantworten Ihrer E-Mails so ein Zeitfenster sein. Auch sollte Ihre Planung eine „Ruhezeit" beinhalten, die Ihrer Umgebung bekannt ist. So kann man sich auf Sie einstellen.

Konzentriertes Arbeiten

Um konzentriert zu arbeiten, legen Sie die wichtigen Aufgaben in Ihren kontrollierten Zeitblock. So werden Sie höchst produktiv arbeiten und Ihre Zeit nicht für unwichtige Aufgaben verschwenden.

- **Es kann helfen, Listen als Erinnerungsstützen zu führen. Haken Sie die Punkte auf Ihrer Liste ab, sobald Sie die entsprechende Aufgabe erledigt haben. So bleiben Sie motiviert. Machen Sie aber keine zu langen Listen. Diese werden Sie sonst bald demotivieren, weil Sie Ihre täglichen Ziele nicht erreichen werden.**
- **Untergliedern Sie komplexe Aufgaben in machbare Teilaufgaben. Nach jeder Teilaufgabe machen Sie eine kleine Pause. Konzentrieren Sie sich nicht zu lange auf einmal.**
- **Seien Sie realistisch – verplanen Sie nur 50 % Ihrer Zeit. Der Rest wird für unkontrollierbare Aufgaben gebraucht.**
- **Setzen Sie Ihren Aufgaben täglich neu Prioritäten. Verwenden Sie Ihre Projektziele als Richtlinien. Teilen Sie alle Aufgaben in folgende Kategorien ein und führen Sie diese entsprechend Ihrer Priorität aus:**

PRIORITÄTEN SETZEN	
Priorität 1	Wichtig und dringend (Aufgaben, die sofort erledigt werden müssen)
Priorität 2	Wichtig, aber nicht dringend (Aufgaben, die für die nahe Zukunft eingeplant werden sollten)
Priorität 3	Dringend, aber nicht wichtig (Aufgaben, die delegiert werden können)
Priorität 4	Routine (Aufgaben, die irgendwann erledigt werden müssen, die aber zurückgestellt oder delegiert werden können)

5. Die besten Tipps, um Zeit zu sparen

Wir zeigen Ihnen jetzt ein paar Tipps, mit denen Sie Zeit einsparen und so Ihre Projekte besser umsetzen können. Welche der Tipps wenden Sie schon an? Welche würden Sie gerne einmal ausprobieren?

WENIGER TUN

- **Nehmen Sie die Arbeit nicht mit nach Hause.**
- **Kümmern Sie sich nicht um Aufgaben, die andere selbst bewältigen müssen.**
- **Übernehmen Sie keine Aufgaben, die andere besser erledigen könnten.**
- **Delegieren Sie.**
- **Verlieren Sie sich nicht im Detail.**
- **Sagen Sie Nein.**
- **Vermeiden Sie unnötige Besprechungen.**

SCHNELLER ARBEITEN/ ZEIT SPAREN

- **Beginnen und beenden Sie Besprechungen pünktlich.**
- **Haben Sie es mit jemandem zu tun, der bei Entscheidungen und deren Umsetzungen Zeit verschwendet, dann setzen Sie ein konkretes Ziel (oder bringen Sie denjenigen dazu, es selbst zu tun).**
- **Erledigen Sie Wichtiges, wenn Sie noch viel Energie haben – das spart Zeit und führt zu guten Ergebnissen.**
- **Telefonieren Sie, um Zeit zu sparen.**
- **Erledigen Sie Aufgaben sofort. Schieben Sie nichts auf.**
- **Führen Sie kurze und präzise Gespräche.**
- **Tragen Sie Termine in einen Kalender ein und halten Sie sich daran.**

EFFEKTIVER ARBEITEN

- Definieren Sie klare Ziele.
- Seien Sie realistisch.
- Arbeiten Sie konzentriert.
- Lesen Sie Korrektur.
- Erstellen Sie vernünftige Zeitblöcke.
- Beenden Sie, was Sie begonnen haben.
- Hetzen Sie nicht durch Ihre Arbeit. Das beschert Ihnen im Nachhinein nur Mehrarbeit.
- Planen Sie Ihre Arbeit und arbeiten Sie sich durch Ihren Plan.
- Erstellen Sie „To-Do-Listen" für einzelne Tage und Wochen.
- Nutzen Sie Pausen als Energiequellen.
- Nehmen Sie sich Zeit, um nachzudenken.
- Bereiten Sie Besprechungen vor.
- Arbeiten Sie aktiv mit Ihrem Terminkalender.
- Setzen Sie Prioritäten.
- Halten Sie Ihren Arbeitsplatz sauber.
- Halten Sie sich an Zeitpläne.
- Bereiten Sie lange Telefongespräche vor.
- Haben Sie Geduld.
- Gehen Sie nicht davon aus, dass Aufgaben, die gestern wichtig waren, es heute noch immer sind.

Bearbeiten Sie die wichtigsten Teilaufgaben Ihres Projekts dann, wenn Sie die meiste Energie haben.

EFFEKTIV DELEGIEREN

Die meisten Menschen wissen grundsätzlich, wie man delegiert. Kann man dieses theoretische Wissen aber nicht in die Praxis umsetzen, ist man schnell überladen. Viel beschäftigte Menschen könnten ihren Stresspegel herunterschrauben, wenn sie wüssten, was sie an wen delegieren können. So wäre es möglich, ein Maximum an kontrollierbarer Zeit zu nutzen.

Grundsätze des Delegierens

Diese Grundsätze gelten für Ihr Arbeits- und Ihr Privatleben. Ziel des Delegierens ist es, anderen Aufgaben zu übertragen, die diese genauso gut oder sogar besser als Sie erledigen können. Sie können nun einmal nicht alles allein machen. Sie sind nur eine Person, auch wenn Sie noch so kompetent und energiegeladen sind – Ihren Möglichkeiten sind Grenzen gesetzt. Wenn Sie delegieren, vervielfältigen Sie Ihre Arbeitskraft und vergrößern Ihren Handlungsspielraum.

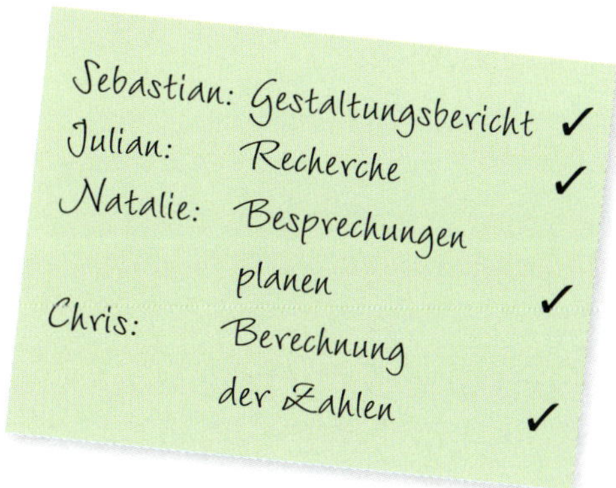

Um zu delegieren, müssen Sie entscheiden, welche Aufgaben und Verantwortungsbereiche Sie übertragen können und welche nicht. Sie sollten …

- **planen:** Überlegen Sie, wem Sie etwas delegieren, was Sie gänzlich abgeben und womit andere Ihnen helfen können.
- **Entscheidungen treffen:** Entscheiden Sie bewusst, welche Verantwortungsbereiche Sie abgeben können und wollen.
- **organisieren:** Machen Sie einen Aktions- und Zeitplan.
- **koordinieren:** Stellen Sie sicher, dass Sie den Überblick über die delegierten Aufgaben behalten und dass Termine eingehalten werden.
- **kontrollieren:** Überprüfen Sie die Fortschritte und passen Sie Termine und eventuell Aufgaben an.

Es ist wichtig Verantwortungsbereiche zu definieren. Delegieren Sie eine Aufgabe, übergeben Sie auch die Verantwortung für die sachgemäße Ausführung. Diejenigen, an die Sie delegieren, müssen sich der Wichtigkeit der Aufgabe, der Zeitspanne, in der diese erledigt werden muss, und ihrer Verantwortung bewusst sein. Sie müssen wissen, ob sie befugt sind, finale Entscheidungen zu treffen. Vereinbaren Sie mit den Betreffenden, welche Kontrollen notwendig sind, und stellen Sie klar, welche konkreten Erwartungen Sie haben. Das ist besonders dann wichtig, wenn der Betreffende noch ungeübt ist.

- **Definieren Sie Ziele für die Aufgabe.**
- **Beobachten Sie den Fortschritt. Achten Sie besonders auf wichtige Meilensteine. Setzen Sie regelmäßig Lagebesprechungen an.**
- **Setzen Sie Standards. Machen Sie deutlich, welche Leistungen Sie fordern, und definieren Sie Standards und Grenzen.**
- **Begleiten Sie die Person, der Sie die Aufgabe delegiert haben. Sie wird anfangs vielleicht noch Fehler machen und höchstwahrscheinlich irgendwann auf Ihre Unterstützung angewiesen sein.**
- **Legen Sie Termine fest. Diese sollten realistisch, wenn möglich flexibel und mit anderen Aufgaben koordinierbar sein.**

WAS SOLLTE NICHT DELEGIERT WERDEN?

- Das ganze Projekt.
- Unvorhergesehene Aufgaben, für die man Ihre Fähigkeiten, Kenntnisse und Erfahrungen braucht.
- Angelegenheiten, die aus dem Rahmen fallen und nicht routinemäßig erledigt werden können.
- Angelegenheiten, die ernsthafte Folgen nachsichziehen könnten.
- Aufgaben, die damit zu tun haben, Mitarbeiter abzumahnen oder zu belobigen.

WAS SOLLTE DELEGIERT WERDEN?

- Routineangelegenheiten, die zwar dringend, aber nicht wichtig sind.
- Tätigkeiten, mit denen Sie die Fähigkeit Ihrer Mitarbeiter prüfen und sie gleichzeitig Erfahrungen sammeln lassen können.
- Aufgaben, die ein Mitarbeiter gleich gut oder besser ausführen kann als der Delegierende.
- Arbeiten, die von einem Fachmann durchgeführt werden müssen wie z. B. das Bauen von Einbauschränken (s. S. 53).

Dieses Modell kann Ihnen dabei helfen zu entscheiden, was Sie wem delegieren.

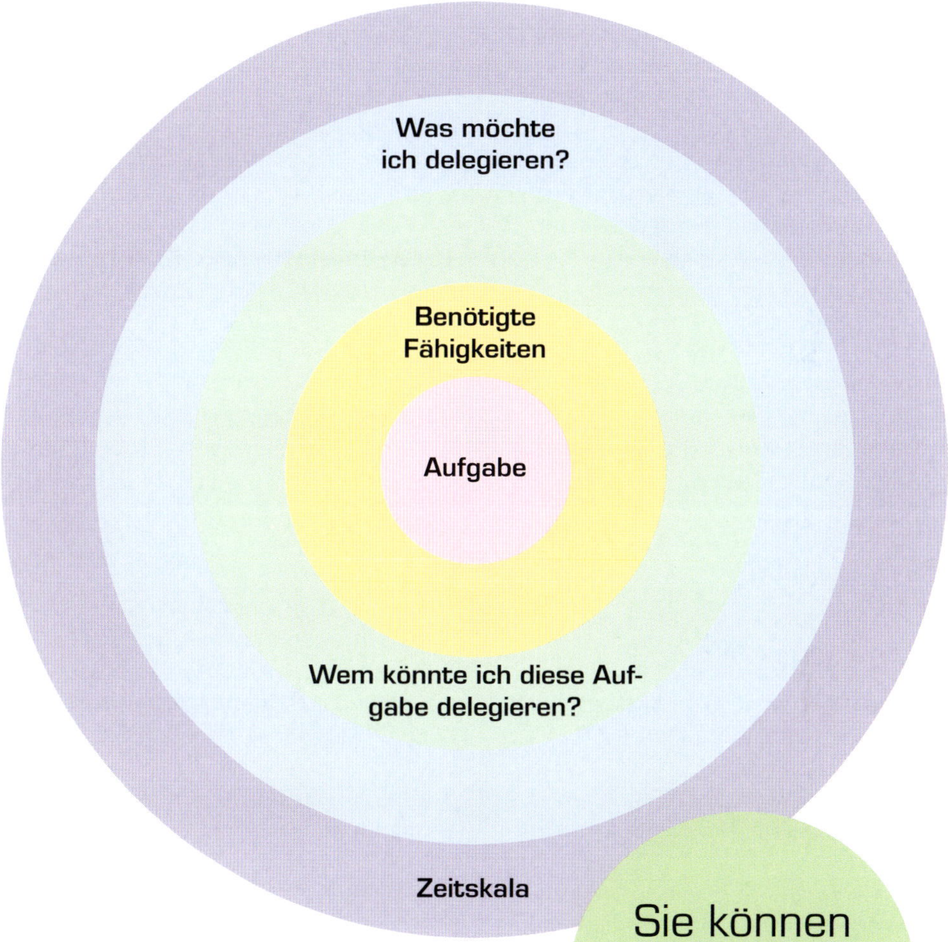

Sie können nicht alles allein machen.

Sie schaffen es nicht zu delegieren?

Möglichkeiten, zumindest einen Teil der Verantwortung abzugeben, gibt es immer. Doch die Menschen finden die unterschiedlichsten Gründe, warum sie nicht delegieren wollen:

- **Sie glauben, Sie seien unentbehrlich. „Wer außer mir soll es denn machen?"**
- **Sie haben kein Vertrauen in andere.**
- **Sie können nicht delegieren.**
- **Sie sind zu gutmütig und haben Angst andere zu überlasten.**
- **Sie haben Angst vor Autoritätsverlust und wollen die Kontrolle behalten.**
- **Sie befürchten, dass Ihnen unterstellt wird, Sie würden unangenehme Aufgaben auf andere abschieben.**
- **„Ich mache es einfach lieber selbst."**

Wenn Sie es schaffen, sich zu überwinden und andere um Unterstützung zu bitten, vor allem dann, wenn Sie heillos überladen sind, wird sich das sehr vorteilhaft für Sie auswirken.

Richtlinien für das Delegieren

Halten Sie sich an diese Richtlinien, um sicherzustellen, dass Sie richtig delegieren.

- **Halten Sie regelmäßige Lagebesprechungen ab.**
- **Akzeptieren Sie Fehler – sie sind unvermeidlich.**
- **Stellen Sie sicher, dass sich die betreffende Person über das Ausmaß ihres Aufgabengebiets sowie über ihre Verantwortung und Befugnisse bewusst ist.**
- **Legen Sie gemeinsam einen Zeitplan fest.**
- **Würdigen Sie erfolgreich abgeschlossene Aufgaben.**
- **Loben und ermutigen Sie die Person, der Sie die Aufgabe delegiert haben.**

MIT STRESS UMGEHEN

Stress ist das Zeichen, mit dem uns unser Körper signalisiert, dass die Anforderungen, die an uns gestellt werden, unsere Möglichkeiten überschreiten. Ein gewisses Maß an Stress braucht der Mensch aber, um schwierigen Situationen wie z. B. einer Präsentation vor Publikum gewachsen zu sein. Die Vorgänge, die dann in unserem Körper ablaufen, erlauben uns, mit solchen Situationen umgehen zu können. Sobald die Stresssituation vorbei ist, pendelt sich unser Körper wieder auf seinen Normalzustand ein.

Sind wir über einen längeren Zeitraum hinweg Stress ausgesetzt, kommt es zu Problemen. Unser Körper bleibt ständig in Alarmbereitschaft, was sich sehr schlecht auf uns auswirkt und über kurz oder lang „negative" Folgen haben kann, die man beachten und vermeiden sollte.

Veränderungen und Projekte können Stress erzeugen. Sie können Abhilfe schaffen, indem Sie herausfinden, wann Sie warum und wie gestresst sind. So können Sie mit Ihrem Stress adäquat umgehen und Ihr Ziel erfolgreich verfolgen.

Anzeichen von Stress

Stressanzeichen sind von Mensch zu Mensch verschieden, können aber in vier Hauptkategorien unterteilt werden:

1. **Physische Symptome:** Dazu zählen Herzrasen, Übelkeit, Muskelkrämpfe, Schmerzen, Erkältungen und andere Infektionen, Müdigkeit und Verdauungsstörungen.

2. **Emotionale Symptome:** Dazu zählen Stimmungsschwankungen, Reizbarkeit, innerliche Anspannung, Angstgefühle und Gefühle der Machtlosigkeit.

3. Verhaltensbezogene Symptome: Dazu gehören vermehrte Missgeschicke, schlechte Leistungen, Pessimismus, Abgespanntheit, Heißhunger oder Appetitlosigkeit, mangelnde Konzentrationsfähigkeit.

4. Psychische Symptome: Dazu gehören Sorgen, Unentschlossenheit, wirre Gedanken, Erinnerungslücken, Sensibilitätsverlust gegenüber anderen, kurzsichtiges Denken, Perspektivenverlust.

Um mit Stress umgehen zu können, müssen Sie alle seine Erscheinungsformen kennen und ihn rechtzeitig wahrnehmen.

Ursachen für Stress

Stress hat vier Auslöser, die als Stressfaktoren bekannt sind:

1. Situationsbedingte Stressfaktoren werden durch bestimmte Situationen in unserer Umgebung oder der Gesellschaft erzeugt. Oft sind sie unerwartet wie z. B. Lärm, bedrückende Nachrichtenberichte oder übermäßige Arbeitsbelastung.

2. Bedeutende Lebensveränderungen, die sich extrem auf unser Leben und unsere Gefühle auswirken wie z. B. Heirat, Scheidung, Geburt, Krankheit, Trauerfälle, Umzüge und finanzielle Schwierigkeiten.

3. Andere Menschen als Stressfaktoren: Der Umgang mit unangemessenen Forderungen und Erwartungen, einer schlechten Atmosphäre am Arbeitsplatz oder zu Hause oder mit dem Gefühl, nicht verstanden zu werden, ist schwer.

4. Von uns selbst erzeugte Stressfaktoren sind: zu hohe Ansprüche, die man an sich selbst stellt, der Wunsch perfekt zu sein, ständig kontrollieren zu müssen, aber auch Gefühle der Unzulänglichkeit und das Bedürfnis, akzeptiert und geliebt zu werden.

Wenn Sie die Faktoren kennen, die bei Ihnen Stress auslösen, können Sie eine entsprechende Situation vorhersehen. Ein Stressfaktor allein wird nicht zu einem Problem werden. Doch oft kommen verschiedene Stressfaktoren innerhalb kurzer Zeit zusammen und verstärken so gegenseitig ihre Wirkung. So entstehen Stress und seine Symptome.

Der richtige Umgang mit Stress

Der richtige Umgang mit Stress ist von entscheidender Bedeutung. Sie müssen lernen, Ihr Stressmuster zu durchbrechen und so den Stress in Schach zu halten. Sonst wird Ihnen dauerhafter Stress Ihre Kräfte rauben. Mit ein wenig Übung können Sie aber Stress sinnvoll einsetzen und nutzen. Die folgenden Strategien sollen Ihnen dabei helfen.

Nehmen Sie Stress bewusst wahr

Stellen Sie sich eine Situation vor, die bei Ihnen Stress ausgelöst hat, noch immer auslöst oder immer wieder auslöst, und beantworten Sie dann folgende Fragen:

- **Was hat diesen Stress ausgelöst?**
- **Warum reagiere ich so?**
- **Wen kann ich um Unterstützung bitten?**
- **Beeinträchtige ich andere?**
- **Wann und wo kommt es zu solchen Situationen?**
- **Was kann ich tun, um dann den Stress abzubauen?**

Akzeptieren Sie Ihre Gefühle

Akzeptieren Sie Ihre Gefühle und teilen Sie diese auch anderen mit. Emotionen sind wertvolle Zeichen dafür, ob etwas gut oder schlecht läuft. Verleugnen Sie Ihre Gefühle nicht, sondern sehen Sie in ihnen Verbündete.

Entwickeln Sie wirkungsvolle Verhaltensmuster

Fordern Sie Ihre Rechte ein, vermeiden Sie Schuldzuweisungen, gestalten Sie Ihre Freizeit sinnvoll, lernen Sie Ja und Nein zu sagen, erkennen Sie Probleme als solche an, sobald sie auftauchen, und tun Sie etwas dagegen.

Bauen Sie sich ein verlässliches Netzwerk auf und pflegen Sie es

Scheuen Sie sich nicht, direkt um Hilfe zu bitten, beenden Sie schädliche Beziehungen, und sagen Sie den Mitgliedern Ihres Netzwerkes, dass Sie die Zusammenarbeit sehr schätzen.

Führen sie ein stressresistentes Leben

Treiben Sie jeden Tag ein wenig Sport, nehmen Sie sich Auszeiten, planen Sie Ihre Zeit lang- und kurzfristig, ernähren Sie sich gesund, verzichten Sie auf das Rauchen und vermeiden Sie übermäßigen Koffein- und Alkoholgenuss.

Kümmern Sie sich um Ihr psychisches Wohlbefinden

Denken Sie positiv, stellen Sie sich Ihrer negativen inneren Stimme, erkennen Sie Ihre Grenzen an, tun Sie Dinge, die Sie gerne tun, und nehmen Sie sich Zeit für Ihre Hobbies und Wünsche.

ÜBUNG: WIE GEHEN SIE MIT STRESS UM?

Um herauszufinden, wie Sie momentan mit Stress umgehen, beantworten Sie folgende Fragen.

1. Welche Faktoren in Ihrem momentanen Arbeits- und Privatleben lösen bei Ihnen Stress aus?
2. Wie beeinträchtigen diese Stressfaktoren Sie:
   - körperlich?
   - emotional?
   - psychisch?
   - in Ihrem Verhalten?
3. Reagieren Sie auf Stress im Allgemeinen mit ...
   - Anerkennung und aktiven Versuchen den Stress abzubauen?
   - Verleugnung?
   - Nicht-Beachtung?
4. Was könnten Sie verändern, um in Zukunft besser mit Stress umgehen zu können?

Verwandeln Sie Stress in Energie

Sie können aus Ihrem Stress positive Energie ziehen, wenn Sie ihn auf einem niedrigen Niveau halten. Gezielt eingesetzt kann Stress Sie beflügeln und damit Ihre Projekte vorantreiben. Einer der Schlüssel, um diese Energiequelle nutzen zu können, ist sich auf die Bereiche zu konzentrieren, die Sie kontrollieren können.

> Lernen Sie es zu erkennen, wenn bei Ihnen Stress ausgelöst wird.

Viele von uns verschwenden viel Zeit und Energie damit, sich den Kopf über Dinge zu zerbrechen, auf die wir wenig oder gar keinen Einfluss haben. Hinzu kommt, dass wir auch in den Teilbereichen, auf die wir in der Tat Einfluss haben, nicht aktiv werden, sondern Aufgaben aufschieben, sodass nochmal Zeit ungenutzt verstreicht.

In jedem Fall frustriert uns unser Verhalten und löst Stress aus wie folgendes Modell zeigt:

	Kontrolle möglich	**Kontrolle nicht möglich**
aktiv handeln	**Leistung bringen**	**Unmögliches versuchen**
passiv bleiben	**aufgeben**	**schleifen lassen**

FALLBEISPIEL

Peter verbrachte viel Zeit damit, sich Sorgen über die sinkenden Aktienkurse zu machen. Jedes Mal wenn er die Zeitung las oder einen Finanzbericht im Fernsehen sah, löste das in ihm Stress aus. Irgendwann erkannte Peter aber, dass er sich den Kopf zerbrach, obwohl er keinerlei Einfluss auf den Aktienmarkt hatte. Durch seine ständige Auseinandersetzung mit dem Thema verschwendete er unnötig Energie und nährte seine Ängste. So hätte er sein Ziel fast selbst sabotiert.

Deshalb beschloss Peter, sich um den Aspekt zu kümmern, den er auch tatsächlich beeinflussen konnte, nämlich seine persönliche Reaktion auf den wirtschaftlichen Abschwung. Indem er sich auf das Gebiet konzentrierte, über das er Kontrolle hatte, konnte er aktiv werden. Er ließ sich professionell beraten und passte seine Pläne entsprechend an. Seine Angstgefühle ließen sofort nach, weil er das Ruder in die Hand genommen und seinen Sorgen damit den Nährboden entzogen hatte.

Kontrolle übernehmen

Probieren Sie es aus. Denken Sie an eine Situation, die bei Ihnen aktuell Stress auslöst. Beantworten Sie diese Fragen:

- **Über welche der Stressfaktoren haben Sie wenig oder keine Kontrolle?**
- **Über welche Faktoren haben Sie Kontrolle?**
- **Wie können Sie davon Abstand gewinnen, sich um die Faktoren zu sorgen, die Sie nicht kontrollieren können?**
- **Was können Sie in den Bereichen tun, auf die Sie Einfluss haben?**

Wenn Sie auf diese Weise mit potenziell schwierigen Situationen umgehen, übernehmen Sie die Kontrolle und können etwas bewegen, ohne sich Sorgen zu machen. Wenn Sie möchten, bitten Sie einen Freund um Hilfe – denn Sie müssen es nicht allein schaffen.

FÄHIGKEIT 10

EIN STARKES SELBSTWERT-GEFÜHL BEIBEHALTEN

Wenn wir ein Projekt in Gang setzen und es erfolgreich verwirklichen wollen, müssen wir mit einigen Dämpfern, Rückschlägen und Absagen rechnen. Deshalb brauchen wir ein starkes Selbstwertgefühl, dem niemand etwas anhaben kann. Nur so können wir Widerstandsfähigkeit entwickeln und weiter an unser Projekt glauben – trotz aller Steine, die uns im Weg liegen. Unser Selbstwertgefühl ist mit unserem Wohlbefinden verbunden und kann gestärkt, aber auch geschwächt werden.

Was ist Selbstwertgefühl?

Wir haben schon über Selbstwertgefühl gesprochen, es könnte aber durchaus nützlich sein, diesem Thema noch etwas mehr Aufmerksamkeit zu widmen. Dazu wird der Begriff „Selbstwertgefühl" definiert und nach Strategien gesucht, die unser Selbstwertgefühl langfristig stärken. Wir unterscheiden zwei Arten:

Erste Art

Innerlich wahrgenommener Selbstwert: Das ist die Fähigkeit, sich selbst zu mögen und zu akzeptieren, und zwar mit allen Stärken und Schwächen. Der Selbstwert, den man empfindet, hat nichts mit Arroganz zu tun. Es geht darum, sich auf Augenhöhe mit anderen zu sehen und sich gedanklich weder über noch unter andere zu stellen. Trotzdem sollen Sie erkennen, was Sie von anderen Menschen unterscheidet und einzigartig macht.

Zweite Art

Von außen vermittelter Selbstwert: Diesen Selbstwerttyp vermitteln uns andere, z. B. durch positive oder negative Kommentare, durch Bestätigung oder Ablehnung. Wir können uns z. B. bestätigt fühlen, weil andere Zeit mit uns verbringen möchten, uns um Rat fragen oder uns loben. Solche Erfahrungen steigern unseren Selbstwert.

Viele Menschen hängen geradezu von solchen äußeren Einflüssen ab. Das ist sehr riskant, da wir unser Selbstwertgefühl in die Hände von anderen legen. Werden wir nicht bestätigt oder erhalten wir unvereinbare Botschaften, kann unser Selbstwert stark schwanken. Ein Beispiel: Ihr Chef lobt Sie dafür, dass Sie sich sehr für ein zeitintensives Projekt einsetzen. Von Ihrem Partner werden Sie aber kritisiert, weil Sie nie zu Hause sind.

Innerlichen Selbstwert erarbeiten

Das Geheimnis eines unerschütterlichen Selbstwertgefühles sind innerliche Selbstwert-Quellen, die eine solide Basis bilden, die allen Anstürmen standhält. Die unvermeidlichen Rückschläge, die Sie im Laufe des Projekts hinnehmen müssen, können Ihnen nichts anhaben – sie prallen an Ihrem Selbstwertgefühl ab, ohne Spuren zu hinterlassen. Ziehen wir den Vergleich zu einem Baum:

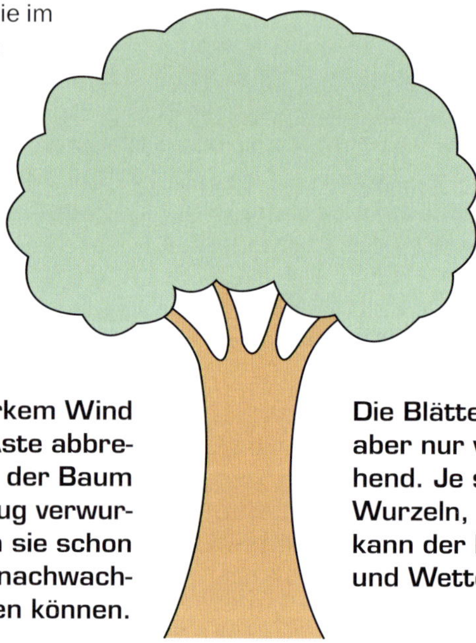

Bei starkem Wind können Äste abbrechen, ist der Baum aber tief genug verwurzelt, werden sie schon bald wieder nachwachsen können.

Die Blätter fallen ab, aber nur vorübergehend. Je stärker die Wurzeln, desto besser kann der Baum Wind und Wetter trotzen.

INNERLICHER SELBSTWERT

Alle entscheidenden Fähigkeiten und Strategien, die Sie für die Umsetzung von Projekten brauchen, werden in diesem Buch behandelt. Wenn Sie diese Strategien anwenden, fördert das die Entstehung Ihrer innerlichen Selbstwert-Quellen.

Sie können nachhaltiges Selbstwertgefühl entwickeln, indem Sie ...

- **sich Ihrer negativen inneren Stimme stellen.**
- **selbstbewusstes Verhalten lernen.**
- **an Ihrer Motivation und Ihrer Willensstärke arbeiten.**
- **sich Ihre Fortschritte bewusst machen.**

- **sich nicht unter Druck setzen.**
- **die Initiative ergreifen.**
- **sich Ziele setzen.**
- **auf Ihren Körper und Ihre Psyche achten.**
- **sich selbst an erster Stelle sehen.**
- **Risiken eingehen.**

Stellen Sie sich zusätzlich folgende Fragen:

- **Wie oft brauche ich Bestätigung durch andere?**
- **An welchen Standards messe ich mich?**
- **Wen akzeptiere ich als gleichwertig?**
- **Wessen Standard muss ich erreichen, um in den verschiedenen Bereichen meines Lebens akzeptiert zu werden?**

Nur wenn Sie sich selbst akzeptieren, können Sie ein Selbstwertgefühl entwickeln. Fragen Sie sich:

- **Gibt es einen Konflikt zwischen dem, was ich tue, um diesen Personen alles recht machen zu wollen, und dem, was ich eigentlich möchte?**
- **Auf welche Meinung lege ich Wert?**

Es anderen recht machen zu wollen, ist in Ordnung, wenn Sie sich bewusst dafür entscheiden.

Schritt 3 wird weiter an den in Schritt 2 erklärten Fähigkeiten arbeiten, konzentriert sich aber vor allem darauf, wie Pläne entworfen werden können, wie man sich Ziele setzt und diese kritisch prüft, wie Prozesse überwacht und Erfolge gefeiert werden.

Das Selbstwertgefühl ist mit unserem Wohlbefinden verbunden.

10 STUFEN ZUM ERFOLG

In Schritt 1 haben Sie gelernt, Ihre Stärken und Schwächen zu erkennen. Schritt 2 hat Ihnen einige der Fähigkeiten und Strategien gezeigt, die Sie brauchen werden, um erfolgreich Projekte abschließen und Veränderungen durchführen zu können.

Dieser Schritt wird Ihnen den Start und den Abschluss von Projekten näherbringen, die Notwendigkeit Prioritäten zu setzen noch einmal hervorheben und Ihnen zeigen, wie Sie den Verlauf von Projekten kontrollieren können. Halten Sie Ihr persönliches Portfolio bereit, um Aufzeichnungen machen zu können.

Erfahren Sie, wie es ist, Ziele erfolgreich umzusetzen.

STUFE 1

BEREICHE ERKENNEN, MIT DENEN SIE UNZUFRIEDEN SIND

In der Einleitung wurde Ihnen die Veränderungsgleichung (s. S. 11) vorgestellt und es wurden Möglichkeiten vorgeschlagen, wie Sie diese Gleichung nutzen können, um herauszufinden, wann Sie bereit für eine Veränderung sind. Mithilfe der Gleichung können Sie die Lebensbereiche herausfinden, mit denen Sie zurzeit unzufrieden sind.

Oft wünschen sich Menschen mehrere Veränderungen auf einmal. Auch Sie haben nun die Bereiche erkannt, in denen Sie Veränderungen durchführen möchten. Stufe 1 wird Ihnen nun eine Methode zeigen, die Ihnen dabei helfen soll Prioritäten zu setzen. In manchen Fällen werden Sie auch die gewünschten Ergebnisse oder Ihre Vorstellung davon benennen. Man nennt diese Methode „Gebietsübersicht".

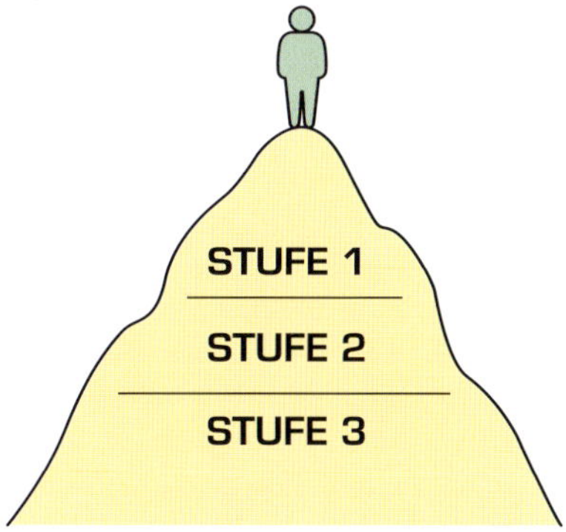

Erstellen Sie eine Gebietsübersicht

Eine solche Übersicht besteht aus einer Reihe von Kreisen, die in Segmente unterteilt sind. Sie selbst bilden dabei das Zentrum. Jedes Segment stellt ein „Gebiet" dar. Stellen Sie sich vor, Sie stehen auf einem Berggipfel und schauen auf die Gebiete hinab, die für Bereiche (Personen oder Aspekte) in Ihrem Leben stehen, zu denen Sie, zumindest momentan, eine angespannte Beziehung haben. Die Gebietsübersicht ist in einzelne Stufen unterteilt.

Stufe 1:
In jedes Segment des kleinsten Kreises schreiben Sie einen Lebensbereich, mit dem Sie unzufrieden sind.

Stufe 2:
In den entsprechenden Segmenten des nächsten Kreises beschreiben Sie dann die aktuelle Situation.

Stufe 3:
Notieren Sie Ihre Wunschvorstellung im größten Kreis.

FALLBEISPIEL

In unserem Beispiel in der Einführung (s. S. 11) zog Sina in Betracht, sich beruflich zu verändern, weil sie an einem Punkt angelangt war, an dem sie ihre Fähigkeiten in der Arbeit nicht länger voll entfalten konnte. Wir greifen auf Sinas damalige Situation zurück, um Ihnen zu zeigen, wie man eine Gebietsübersicht erstellt. Auf Stufe 1 trug Sina in jedes Segment einen Aspekt aus ihrer Arbeitswelt ein. Andere Bereiche in Sinas Leben, die Unzufriedenheit auslösten, waren:

- Sie war unausgeglichen, weil ihr Leben nur aus Arbeit bestand und sie nie Zeit für sich und ihre Bedürfnisse wie z. B. ihr Sporttraining hatte.
- Sie hatte ein schwieriges Verhältnis zu ihrem Bruder, das sie verbessern wollte.
- Sie wollte das Haus vergrößern.
- Es fiel ihr schwer, sich in bestimmten Arbeitssituationen gegen bestimmte Menschen durchzusetzen.

Jedes dieser Themen wurde in ein Segment eingetragen. Anhand des Gebietes „Selbstbewusster in der Arbeit sein" können Sie verfolgen, wie Sina die ersten drei Stufen ihrer Gebietsübersicht bewältigte. Auf diese Weise betrachtet man die ausgewählten Bereiche seines Lebens aus der Vogelperspektive. So konnte sich Sina bewusst machen, was sie ändern wollte und wie sie das anstellen konnte.

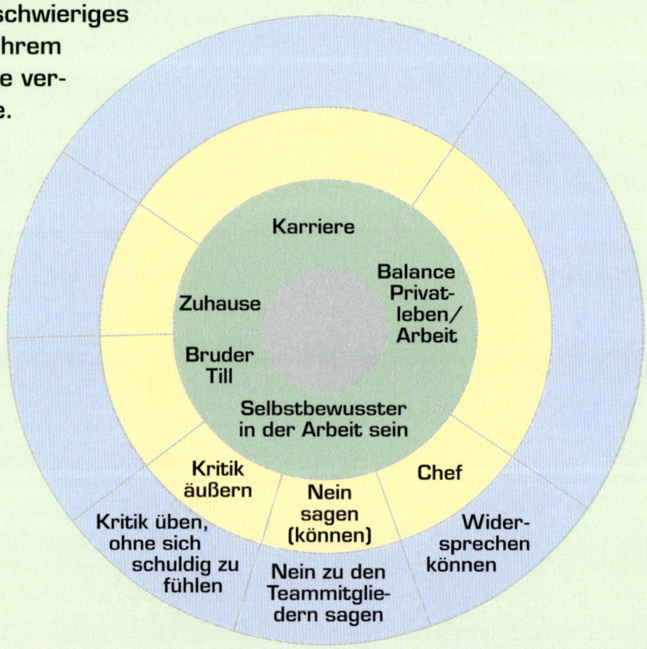

PRIORITÄTEN FÜR VERÄNDERUNGEN ERKENNEN

Um den geplanten Veränderungen Prioritäten zuordnen zu können, müssen Sie sich eines Ihrer Wunschergebnisse aus dem äußeren Kreis der Gebietsübersicht aussuchen, an dem Sie dann als Erstes arbeiten. Welches Ergebnis Sie aussuchen, ist ganz Ihnen überlassen.

ENTSCHEIDUNGEN TREFFEN

Im Folgenden finden Sie einige Kriterien, die Ihnen bei der Auswahl helfen können.

Wichtigkeit	Das ist am wichtigsten, weil es sich am meisten für Sie und andere auszahlen wird.
Dringlichkeit	Die Konsequenz davon, wenn Sie das nicht erledigen, werden gravierend sein.
Schnellster Erfolg	Ein paar Ergebnisse werden schon bald sichtbar sein.
Größte Schwierigkeit	Das ist am schwierigsten, deswegen wollen Sie es als Erstes erledigen.
Essenziell für eines der anderen Gebiete	Das muss als Erstes erledigt werden, denn es bildet die Grundvoraussetzung für die anderen Gebiete.
Wille	Wie sehr wollen Sie diese Veränderungen wirklich?

Setzen Sie Ihre Prioritäten und führen Sie Veränderungen durch.

FALLBEISPIEL

Sina setzte ihre Prioritäten in folgender Reihenfolge:

Priorität 1 Selbstbewusster im Umgang mit Entscheidungsträgern werden
Das war notwendig, um eine berufliche Veränderung durchsetzen zu können, und half Sina dabei, Ihre Ziele konkret festzulegen. Sina war überzeugt, dass sie innerhalb kürzester Zeit erste Erfolge erzielen könnte.

Priorität 2 Eine berufliche Veränderung
Ein entscheidendes Gebiet, da es andere Veränderungen beeinflusste. Sina war fest entschlossen, diesen Schritt zu gehen.

Priorität 3 Zeit für sich selbst einplanen
Ein sehr wichtiger Punkt, weil Sina mehr Zeit brauchte, um ihre berufliche Veränderung zu organisieren. Außerdem musste sie sich gleichzeitig darum kümmern, dass es ihr dabei körperlich und psychisch gut ging.

Priorität 4 Eine bessere Beziehung zu ihrem Bruder aufbauen
Obwohl dies eine wichtige Angelegenheit war, konnte sie etwas aufgeschoben werden, weil es aktuell dringendere Probleme gab.

Priorität 5 Ihre Wohnsituation verändern
Sina beschloss, dass sie das finanzielle Risiko auf dieser Stufe nicht eingehen wollte. Sollte sie sich tatsächlich selbstständig machen, würde sie sich sowieso zu Hause ein Büro einrichten.

Sina entschied sich für diese Reihenfolge, weil ihr die erste Priorität, die sie gesetzt hatte, eine Reihe der Fähigkeiten mit auf den Weg gab, die sie für die weiteren Prioritäten brauchen würde (s. S. 49). Sinas Vorhaben entpuppte sich als nicht allzu schwer. Sie suchte sich Hilfe und trainierte dann ihre neuen Fähigkeiten in dem Gespräch mit dem Personalchef. Ein Kurs für mehr Selbstbewusstsein gab ihr zusätzliche Unterstützung.

STUFE 3

ZIELE SETZEN UND ERREICHEN

Nur 4–5 % aller Menschen setzen sich Ziele, obwohl von diesen wiederum 90 % ihre Ziele auch erreichen. Sich Ziele zu setzen, ist bestens dafür geeignet, die Erfolgschancen für Projekte zu erhöhen.

Warum also setzen sich so wenige Menschen Ziele? Einige der Gründe wurden in Schritt 1 schon besprochen (s. S. 14). Denken Sie daran: Es gibt Menschen, die gerne vorausplanen, und andere, die lieber in den Tag hineinleben. Weitere Gründe sind:

- **Ich weiß nicht wie – ich brauche eine Methode zur Zielsetzung.**
- **Ich habe keine Zeit – ich bin zu beschäftigt.**
- **Ich habe Angst vor Misserfolg, deshalb ist mein Motto: keine Ziele – keine Misserfolge.**
- **Ich weiß nicht wozu – Wie soll mir Zielsetzung helfen können?**
- **Ich sehe keine Notwendigkeit – Ziele sind überflüssig für mich, ich mache einfach meine Arbeit.**

Diese Stufe veranschaulicht, wie Sie durch Zielsetzung Ihre Erfolgschancen mit minimalem Aufwand maximieren können.

Herkömmliche Zielsetzung

Der herkömmliche Weg, sich Ziele zu setzen, ist, eine Formel anzuwenden, die folgende Ziele exakt festlegt:

Spezifisch
Messbar
Durchführbar
Realistisch
Zeitbezogen

Diese fünf Ziele sind dann sehr wirkungsvoll, wenn sie z. B. in der Geschäftswelt angewendet werden, wo Ziele exakt definiert und in einem bestimmten Zeitrahmen erreicht werden müssen. Es gibt aber noch einen anderen Ansatz, der mehr Flexibilität erlaubt und besser an Ihre Projekte und Veränderungen angepasst werden kann.

Ein alternativer Ansatz

Dieser Ansatz setzt voraus, dass Sie an den Erfolg von Zielsetzung glauben. Sie sollten in Superlativen denken und immer vom Optimum ausgehen. Hier finden Sie ein paar Richtlinien:

Haben Sie große Ziele – denken Sie in Superlativen. Das ruft Aufregung und den Wunsch hervor, die Herausforderung anzunehmen und Ihre Ziele zu erreichen.

Seien Sie konkret, wenn Sie Ihre Ziele beschreiben. Klare Aussagen fördern Ihre Konzentration auf das Wesentliche. Wenn Sie Ihre Ziele im Präsens aufschreiben, als ob Sie diese schon erreicht hätten, kann das eine große Wirkung haben. So glauben Sie immer mehr daran, dass Sie es schaffen können.

Schreiben Sie Ihre Ziele nieder und erzählen Sie anderen davon. Sie können Ihren Zeilen auch Bilder hinzufügen oder auf andere Ausdrucksmittel zurückgreifen, die Ihre Ziele gut veranschaulichen.

Lassen Sie **Logik und Kreativität** in die Entwicklung Ihrer Ziele einfließen. Üben Sie, sich ein Bild von Ihren Zielen zu machen.

Machen Sie eine Liste der Hindernisse zwischen Ihnen und Ihren Zielen und erarbeiten Sie danach entsprechende Lösungen.

Untergliedern Sie die Aufgaben, die erledigt werden müssen, in einzelne Tageseinheiten.

Üben Sie Disziplin, um die Schritte zu gehen, die nötig sind, um Ihre Ziele zu erreichen – entwickeln Sie Willensstärke.

Sorgen Sie sich nicht zu sehr darum, wie Sie Ihre Ziele erreichen. Die ersten Schritte klar vor sich zu sehen, ist ein viel besserer Ansatz, als einen vollständigen Aktionsplan aufstellen zu wollen.

Seien Sie flexibel, überprüfen Sie Ihre Ziele von Zeit zu Zeit kritisch und passen Sie diese, wenn nötig, an.

Gehen Sie von Erfolg und nicht von Misserfolg aus und versuchen Sie keine Zweifel daran aufkommen zu lassen, dass Sie Ihre Ziele erreichen können. Lernen Sie abzuwarten. Seien Sie davon überzeugt, dass Ihre Ziele erreicht werden.

Übernehmen Sie Verantwortung für das Ergebnis.

Belohnen Sie sich, wenn Sie Ihre Ziele erreichen.

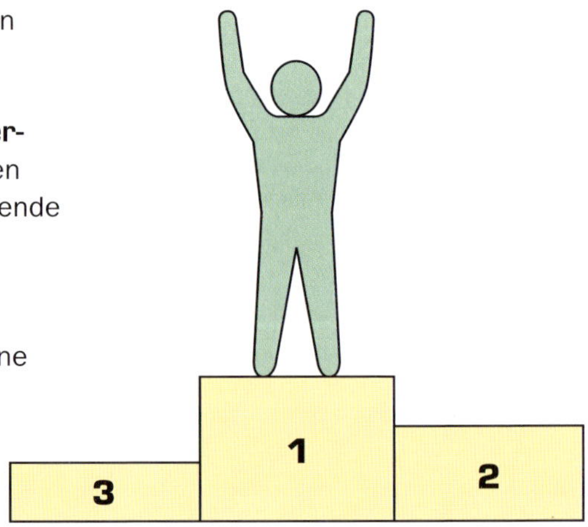

FALLBEISPIEL

Zukunftsübersicht

Peter hatte vor, seinen Ruhestand in einem anderen Teil seines Heimatlandes zu verbringen (s. S. 11). Er setzte sich folgendes Ziel und schrieb es im Präsens nieder, als ob es schon Realität wäre. So entstand eine Zukunftsübersicht:

„Es ist Juli im Jahr 20XX und ich wohne jetzt mit meiner Frau Judith und unserem Hund Leo in meinem neuen Haus auf dem Land. Das Haus ist nach meinen Wünschen gebaut worden und ich habe genug finanzielle Rücklagen sowie eine gute Rente, um meine Arbeit in der Stadt aufzugeben."

Peter schrieb dies fünf Jahre vor der Umsetzung seines Ziels. Indem er so tat, als hätte er sein Ziel schon erreicht, fühlte er sich beflügelt und motiviert.

Ein Ziel erreichen

Peter hatte mit diesen zehn entscheidenden Richtlinien Erfolg:

1 In Superlativen denken

Ursprünglich hatte Peter nicht vor, ein neues Haus bauen zu lassen. Nachdem er sich aber einige Zeit umgesehen und nichts Passendes gefunden hatte, entwickelte er den ehrgeizigen Plan, ein Haus bauen zu lassen, das genau seinen Vorstellungen entsprach.

2 Das Ziel aufschreiben

Er schrieb sein Ziel auf und sammelte gleichzeitig allerlei Bilder von der Art Haus, die er sich vorstellte. Zusammen mit Bildern von Judith, dem Hund Leo und ihm selbst sowie Bildern aus der Umgebung legte er diese in einem Ordner ab.

3 Andere miteinbeziehen

Er weihte seine Familie und seine Freunde ein, damit diese seinen Traum mit ihm teilen konnten, der ihm dadurch schon bald realer vorkam.

4 Visualisierung

Er stellte sich das Haus wieder und wieder vor und erstellte so im Geiste das Bild des perfekten und sogar schon eingerichteten Hauses.

5 Planung
Peter entwickelte Systeme, die sein Vorhaben in kleinere, weniger einschüchternde Aufgaben unterteilten. Diese konnten jährlich, monatlich, wöchentlich oder täglich erledigt werden. Er vermied Details, legte aber erste Schritte und wichtige Etappenziele fest.

6 Hindernisse überwinden
Es stellten sich Peter ein paar Hindernisse in den Weg. Eines davon war der Einbruch am Aktienmarkt, der seine finanziellen Möglichkeiten schmälerte (s. S. 11 und 88). Er musste seine Vorstellungen von dem Haus und der Grundstücksgröße anpassen, um die Kosten zu senken. Peter stellte sich jedem Hindernis dann, wenn es auftauchte, und entwickelte Strategien, um die Probleme aus dem Weg zu räumen.

7 Überprüfung
Er überprüfte sein Ziel regelmäßig. So stellte er sicher, dass Kurs und Zeitpläne noch stimmten. Das war besonders für die Bauarbeiten am Haus wichtig, wenn z. B. schlechtes Wetter das Vorankommen verzögerte.

8 Positiv denken
Durch regelmäßige Selbstbestätigung und dadurch, dass er die Unterstützung seiner Familie und seiner Freunde annahm, lernte Peter positiv zu denken.

9 Auf das Ziel konzentrieren
Peter verlor nie sein Ziel aus den Augen, vergaß seine Prioritäten nicht und ließ sich auch nicht durch andere Projekte ablenken.

10 Erfolgreich sein
Nächstes Jahr wird Peter in sein neues Haus einziehen. Es gibt zwar noch Einiges zu tun, aber Peter ist optimistisch und plant schon die Einweihungsparty. Peters Beispiel macht deutlich, dass es durchaus möglich ist, sich Ziele zu setzen und sie auch zu erreichen. Der Verlauf des Projekts muss schließlich nicht zu straff geplant sein, und weil sich Peter den Erfolg nicht nur wünscht, sondern auch fest an ihn glaubt, wird er ganz sicher zu den 90 % der Menschen mit Plänen gehören, die ihre Ziele erreichen.

Schritt 4 wird Sie durch den Prozess der Zielsetzung führen, damit auch Sie die größtmöglichen Erfolgschancen haben.

ERSTE SCHRITTE FESTLEGEN UND PLANEN

Die Hauptfunktion des Zielsetzungsprozesses ist die, eine Vorstellung davon zu bekommen, wie eine bestimmte Situation in der Zukunft aussehen soll. Anstatt wie bei der herkömmlichen Zielsetzung einen genauen Aktionsplan zu machen, entwickeln Sie eine Vorstellung davon, wie die ersten Schritte in Richtung Ihres Zieles aussehen sollen. Das Erreichen Ihres Zieles als eine Reihe kleiner Schritte anzusehen, ermutigt Sie andauernd, weil Sie den Prozess in machbare Teilaufgaben untergliedern.

Die ersten Schritte

Stellen Sie sich vor, Sie seien ein junger Manager, der lernen soll Angestellte zu führen und sich deswegen ein paar grundlegende Management-Kompetenzen aneignen muss. Der erste Schritt könnte hier der sein herauszufinden, welche dieser Kompetenzen entscheidend dafür sind, als Neuling in diesem Job zu bestehen, und welche Ihrer Stärken und Schwächen hierbei eine Rolle spielen.

Gliedern Sie Ihre Zielsetzung in machbare Teilaufgaben.

Den ersten Schritt zu erkennen und auch zu planen, ist wesentlich leichter, als ihn auch zu gehen. Sie sind deshalb vielleicht auf die Unterstützung anderer angewiesen. Auf die genannte Situation bezogen, könnten Sie z. B. Kollegen darum bitten, Ihnen Feedback zu geben. Oder Sie könnten sich auch an erfahrene Manager wenden. Dazu müssen Sie vielleicht auf Ihre „Kraftquellen“ (s. Schritt 2) wie z. B. selbstbewusstes Auftreten zurückgreifen.

Wenden Sie Ihre Gebietsübersicht an

Legen Sie zu dem Beispiel mit dem Manager eine Gebietsübersicht an.

STUFE 5

ÜBERPRÜFEN SIE IHRE ZIELE UND IHRE ERSTEN SCHRITTE

Überprüfen Sie Ihren ersten Schritt, wenn Sie ihn gemacht haben.

Das Zirkelschema des Lernens

Die Überprüfung hat vier Phasen:

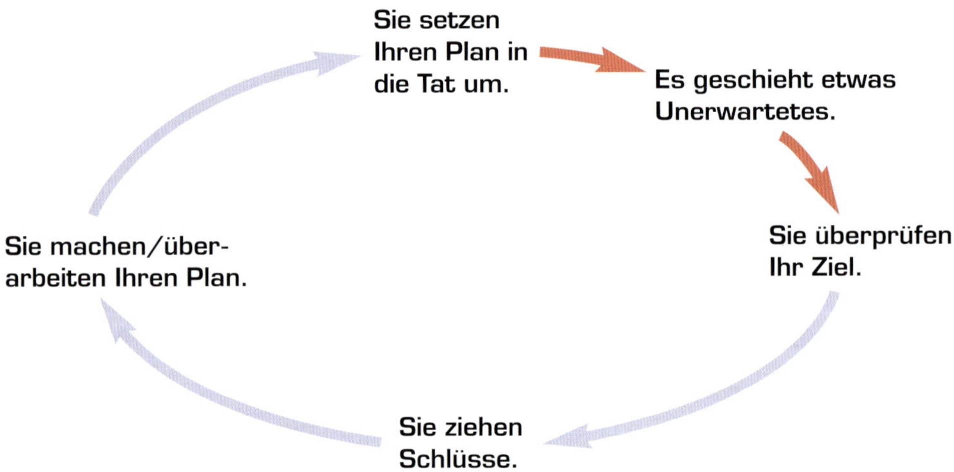

Dieses Schema geht davon aus, dass Lernen ein fortlaufender Prozess ist und dass man das Schema für effektives Lernen einmal durchlaufen muss.

Sie können das Schema für die Überprüfung Ihrer ersten Schritte und Ziele anwenden, aber auch für die allgemeine Überwachung Ihrer Ziele.

FALLBEISPIEL

Überprüfen Sie Ihre Ziele
In einer Phase seines Projekts wollte Peter sein altes Haus verkaufen und eine weniger teure Bleibe in der Stadt kaufen, die er dann für den Großteil des Jahres vermieten wollte. Nur die Zeit zwischen September und November wollte er jedes Jahr in der Stadt verbringen.

1 Peter verkaufte sein Haus und erwarb, wie geplant, eine andere Immobilie **(Er setzte also seinen Plan in die Tat um)**.

2 Dann geschah etwas Unerwartetes. Der Börsensturz führte zu einem Wertverlust seines Fonds zur Altersvorsorge, weshalb er den „Luxus" des Zweitwohnsitzes in der Stadt noch einmal überdenken musste **(Überprüfung seines Zieles)**.

3 Er holte fachkundigen Rat bei seinem Bank- und seinem Steuerberater ein **(Schlüsse ziehen)**.

4 Er entschied sich dafür, das Haus zu verkaufen und mit dem Erlös seine Altersvorsorge aufzustocken **(Überarbeitung seines Planes)**.

Da er aufgrund des unerwarteten Ereignisses sein Ziel noch einmal überprüft hatte, konnte Peter eine Entscheidung treffen, die sein Vorhaben stützte und eine Verbesserung seiner finanziellen Situation mitsichbrachte.

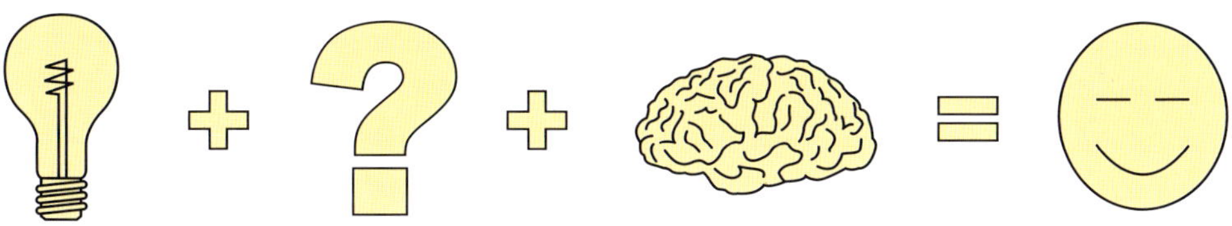

Überprüfen Sie Ihre ersten Schritte

Dieser Prozess läuft ganz ähnlich ab. Nehmen wir wieder das Beispiel des jungen Managers (s. S. 101). Nach der Analyse Ihrer Stärken und Schwächen entscheiden Sie, was Sie als Nächstes tun werden, um weiterzukommen. Vielleicht entscheiden Sie sich dafür, einen Managementkurs zu besuchen. Danach sollten Sie überlegen, ob und wie Ihnen die Schulung helfen konnte, Ihrem Gesamtziel ein Stück näherzukommen.

SCHRITT 1

Sie reflektieren die Erfahrungen, die Sie während der Schulung gemacht haben, und erkennen, was Sie gelernt haben. Beobachten Sie sich und Ihre Arbeit dann einen Monat lang ganz genau. So finden Sie heraus, welche Ihrer Kompetenzen verbessert wurden und wo Sie noch weitere Anleitung brauchen.

SCHRITT 2

Sie ziehen Schlüsse. Es kann sein, dass ein Bereich besonders auffällt.

SCHRITT 3

Sie planen den nächsten Schritt. Wie bekommen Sie weitere Unterstützung? Brauchen Sie eine allgemeine Anleitung oder würde Sie ein Mentor weiterbringen?

SCHRITT 4

Sie gehen den nächsten Schritt auf Ihrem Plan mit der Hilfe, die nötig ist.

Auf diese Weise kann Sie der Überprüfungsprozess dabei unterstützen, Ihre Fortschritte zu bewerten und weitere Schritte zu planen. Seien Sie diszipliniert – nur so können Sie Ihre ersten Schritte und Ihre Ziele regelmäßig überprüfen.

BEWERTEN SIE ANDERE VORGEHENSWEISEN

Sie werden wahrscheinlich feststellen, dass sich die nötigen Vorgehensweisen für Ihren zweiten Schritt von denen Ihres ersten Schrittes unterscheiden. Wägen Sie Pro und Kontra gegeneinander ab und entscheiden Sie sich dann für die Möglichkeit, die Sie für geeignet halten.

BEISPIEL: PRO UND KONTRA ABWÄGEN

Mit folgender Methode wägen Sie erfolgreich Pro und Kontra für jede Ihrer Vorgehensweisen ab: Zeichnen Sie einfach das auf der nächsten Seite abgebildete Diagramm in Ihr persönliches Portfolio. Füllen Sie es dann für jede Ihrer Vorgehensweisen aus. So können Sie einfach und effektiv zu einer objektiven Entscheidung gelangen.

Wir zeigen Ihnen nochmal am Beispiel des jungen Managers und den zur Auswahl stehenden Möglichkeiten auf, wie Sie diese Methode für Ihre Projekte nutzen können.

Vernachlässigen Sie Ihre Gefühle nicht.

	Pro	Kontra	Schlussfolgerung
Möglichkeit 1 Schulung	• andere Leute treffen • kompakt • praktische Erfahrungen austauschen • Firma übernimmt die Kosten	• Angst, mich in der Gruppe zu blamieren • allgemein und nicht speziell	im Moment nicht
Möglichkeit 2 Fernstudium	• flexibel • mache ich alleine und wann ich möchte • leicht zu verstehen	• langweilig • nicht geeignet für praktische Übungen	nur als Ergänzung zu anderen Methoden
Möglichkeit 3 Mit einem Mentor arbeiten	• spezielle Förderung • jobspezifisch • individuell • vertrauenswürdig	• nur ich und mein Mentor • nicht ideal für das Erlernen der Theorie	als Möglichkeit betrachten

Denken und Fühlen

Denken Sie über Pro und Kontra nach und lassen Sie dabei auch Ihre Gefühle einfließen. In unserem Beispiel ist ein Weg, die mit dem neuen Job verbundenen Anforderungen zu erfüllen, die Teilnahme an einer Schulung. Dafür kann es einige Argumente und auch Gegenargumente geben.

Was, wenn Sie Angst davor hätten, sich einer Gruppe anzuschließen? Sie müssten auf Ihre Gefühle achten. Ihre Angst wäre ein Gegenargument und Sie müssten sie überwinden. In diesem Fall hätten Ihnen Ihre Gefühle eine Grenze für Ihre potenziellen Möglichkeiten gesetzt.

Wenn Sie Pro und Kontra unter Einbeziehung Ihrer Gefühle analysieren, können Sie sich leichter entscheiden.

STUFE 7

RÄUMEN SIE HINDERNISSE AUS IHREM WEG ZUM ERFOLG

Eine der Hauptursachen dafür, dass wir unsere Ziele nicht erreichen oder unsere Vorhaben nicht zu Ende bringen, sind unerkannte oder unüberwundene Hindernisse, die immer wieder auftauchen.

Auswahl der Möglichkeiten

In unserem Manager-Beispiel war einer der Punkte auf der Kontraseite die Angst, sich einer Gruppe anzuschließen. Ein Weg, mit dieser Angst umzugehen, wäre, sich für eine andere Möglichkeit zu entscheiden wie z. B. das Lesen eines Handbuchs für Manager. Abgesehen von dieser einen Kontraposition wäre die Schulung aber sicherlich eine gute Möglichkeit.

Ihre Angst aktiv anzugehen, indem Sie nochmal auf einige Ihrer „Kraftquellen" (s. Schritt 2) zurückgreifen, wäre eine Alternative. Dazu müssten Sie sich Ihrer negativen inneren Stimme stellen oder selbstbewusst und aktiv die Initiative ergreifen.

Kraftfeld-Analyse

Wenn Sie sich in einem Veränderungsprozess befinden, werden Sie sowohl positive als auch negative Kräfte erfahren. Um Fortschritte zu machen, müssen Sie die negativen Kräfte ausschalten. Die so genannte Kraftfeld-Analyse kann Ihnen hierbei helfen: Man betrachtet positive und negative Kräfte und entwickelt Strategien, um die negativen Kräfte auszuschalten und die positiven zu stärken. Diese Analyse kann zu Beginn eines Projekts, nämlich dann, wenn Sie Ihre Ziele setzen, oder aber auch während des Projekts durchgeführt werden, sobald Schwierigkeiten auftreten.

FALLBEISPIEL

Sina wollte sich beruflich verändern (s. S. 11). Zu Beginn Ihres Vorhabens analysierte sie, welche positiven und negativen Kräfte auf ihr Ziel einwirken könnten. Sie tat dabei so, als hätte sie ihr Ziel schon erreicht. Dementsprechend wandte Sina die Kraftfeld-Analyse-Technik so an, als ob sie auf vergangene Ereignisse zurückblicken würde. Sie gab vor, alle Hindernisse erkannt und aus dem Weg geräumt zu haben. Das schrieb sie auch auf, und so gewann sie Selbstvertrauen und konnte Strategien entwickeln, um die Hindernisse auch tatsächlich zu beseitigen. Im Folgenden sehen Sie ihre Methode.

Sinas Ziel: „Wir befinden uns im Jahr 20XX und ich arbeite als freiberufliche Beraterin für Management-Entwicklung für eine ganze Reihe Kunden, die mich mit Aufträgen versorgen." Zuerst machte Sina alle positiven und negativen Kräfte aus, die ihr Ziel beeinflussen konnten. Sie finden einige davon in folgendem Diagramm:

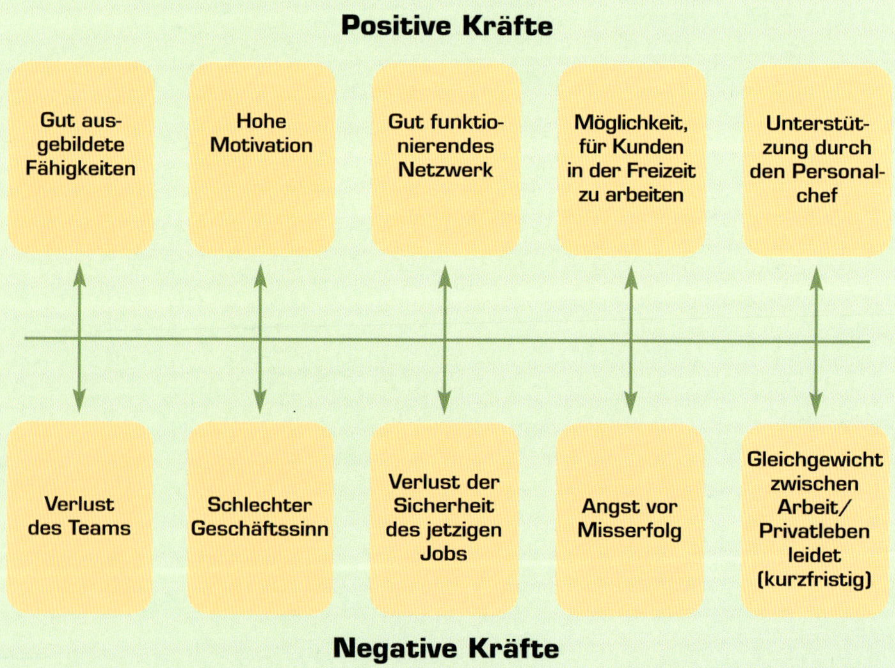

Anschließend machte Sina eine Liste aller Hindernisse, die sie umgehen oder beseitigen musste. Wieder tat sie so, als hätte sie alle Hindernisse schon überwunden und bediente sich dafür ihrer „Kraftquellen“ (s. Schritt 2).

„Um die Hindernisse, die mich erwarten, zu beseitigen, habe ich ...

- mit anderen freiberuflichen Beratern ein Netzwerk gebildet und regelmäßige Treffen eingerichtet."
- ein Seminar zum Thema Finanzmanagement besucht und dort einen guten Steuerberater kennengelernt."
- mit meinem Chef schriftlich vereinbart, dass ich in den nächsten beiden Jahren jederzeit in die Firma zurückkehren kann."
- an meinen Erfolg geglaubt und mir einen Mentor gesucht, der mich unterstützte und mich in schwierigen Situationen anleitete."
- mir selbst drei Jahre Zeit für den Aufbau meines Geschäftes gegeben. Außerdem habe ich gelernt, schon zu Beginn jeden Jahres Zeit für mich und meine Familie zu reservieren."

Das Aufstellen dieser Liste kam einem Mini-Aktionsplan gleich. Gedanklich hatte Sina diesen Plan schon fertiggestellt, deshalb fiel ihr die tatsächliche Umsetzung nicht besonders schwer.

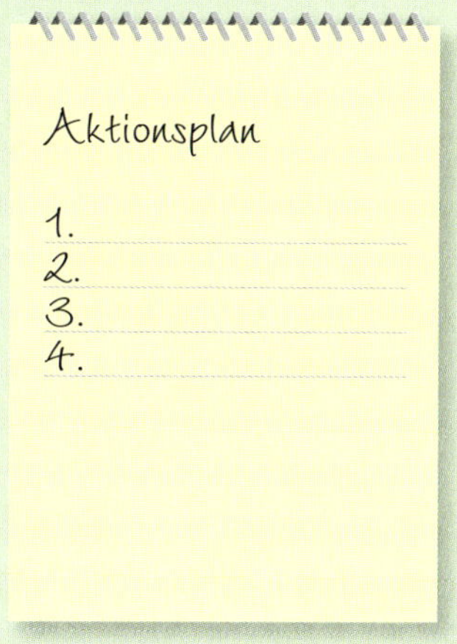

Etwas bewegen

Nicht ausgeräumte Probleme auf Ihrem Weg zum Erfolg werden bei Ihnen Gefühle der Niederlage auslösen und Sie demotivieren. Deshalb sollten Sie Ihre Energie kontrolliert einsetzen, wenn Sie Strategien entwickeln, um diese Hindernisse zu beseitigen. Vergessen Sie dabei nicht zu delegieren. Mit dieser Mischung können Sie etwas bewegen, ohne über Hindernisse zu stolpern.

Hätte Sina z. B. versucht, alle finanziellen Angelegenheiten, die Ihr Vorhaben „Selbstständigkeit" betrafen, ohne die Hilfe von Fachleuten zu regeln, wäre dies übertrieben ehrgeizig gewesen und sie hätte die Kontrolle verloren. Denn sie kannte sich weder gut genug mit Steuerrecht noch mit Finanzen im Allgemeinen aus, um einen reibungslosen Ablauf garantieren zu können. Deshalb informierte sie sich nur so weit wie nötig und gab die restliche Arbeit ab.

Setzen Sie Ihre Energie kontrolliert ein.

Auch in diesem Fall nutzte Sina ihre „Kraftquellen", um alle Hindernisse erfolgreich aus dem Weg zu räumen, die ihr Vorhaben hätten zerstören können.

Beseitigen Sie negative Kräfte, um voranzukommen.

WIE SIE SICH BEWUSST MACHEN, DASS SIE AM ZIEL SIND

Haben Sie Ihr Projekt beendet und damit Ihr Ziel erreicht, müssen Sie das auch erkennen. Experten empfehlen die Festlegung einiger wichtiger „Erfolgskriterien". Sie dienen als Zeichen für den Erfolg eines Projekts oder das Erreichen eines Zieles.

Festlegung von Erfolgskriterien

Es gibt verschiedene Wege Erfolgskriterien festzulegen. Die unten vorgestellte Methode greift auf die Technik der Visualisierung zurück, um einzuschätzen, ob Sie Ihre Ziele erreicht haben oder nicht. Es gibt natürlich auch andere Möglichkeiten.

ÜBUNG: VISUALISIERUNG

In dieser Übung stellen Sie sich Ihr abgeschlossenes Projekt oder Ihr Ziel vor, das Sie erreicht haben. Sie erschaffen also ein klares Bild Ihres Erfolges.

1 Machen Sie vorher eine kurze Entspannungsübung (s. S. 138–139).

2 Halten Sie Ihre Augen geschlossen und stellen Sie sich vor, Sie seien am Ziel angelangt. Erschaffen Sie im Geiste klare Bilder davon …
- wie es sich anfühlt (sind Sie aufgeregt, beflügelt, glücklich?).
- wie es aussieht (welche Bilder entstehen vor Ihrem geistigen Auge?).
- ob Sie gewisse Geräusche damit verbinden (was hören Sie?).
- ob feste Gegenstände da sind (was können Sie erfühlen?).

3 Bleiben Sie in diesem Zustand der Entspannung, bis mit der Hilfe all Ihrer Sinne ein klares Bild Ihres Zieles entstanden ist.

4 Wenn Sie dann Ihre Augen öffnen, halten Sie die Bilder, die Sie nicht vergessen möchten, in Ihrem persönlichen Portfolio fest. Das sind Ihre Erfolgskriterien.

Eine alternative Methode

Wenn Sie eine greifbarere Methode suchen, um Ihre Erfolgskriterien festzulegen, dann kehren Sie zu Ihrem im Präsens aufgeschriebenen Ziel zurück. Stellen Sie sich nun folgende Frage: „Welche entscheidenden Kriterien, die mir sagen, dass ich erfolgreich war, kann ich jetzt, wo ich mein Ziel erreicht habe, erkennen?

Dies sind die Antworten für einige der Beispiele aus diesem Buch:

Legen Sie Erfolgskriterien zur Umsetzung Ihrer Projekte fest.

PETER

Erfolgskriterien: ein Haus in dem Gebiet, in dem er leben wollte, ein finanzielles Niveau, das es ihm erlaubte, einmal pro Woche auswärts zu essen, und die Wahl, das Leben zu leben, das er sich für seinen Ruhestand vorstellte.

SINA

Sina wollte auch etwas Greifbares wie einen Kundenstamm, ein Büro und ein Netzwerk aus Kollegen.

JANA

Jana träumte von einem umgestalteten Raum, der ihren veränderten Bedürfnissen entsprach.

Doch auch bei dieser Methode ist es sinnvoll, ein paar Sinneseindrücke miteinzubeziehen:

- **Wie fühlen sich Sina und Peter nach ihren erfolgreich umgesetzten Veränderungen?**
- **Was kann Jana sehen, riechen und fühlen, sobald ihr Umgestaltungsprojekt abgeschlossen ist?**

Für welche Methode Sie sich auch entscheiden – Erfolgskriterien sind ein wesentlicher Teil der erfolgreichen Umsetzung von Projekten.

VERMEIDEN SIE „KOMMANDO ZURÜCK“-BOTSCHAFTEN

Viele Veränderungen, die wir durchführen, betreffen andere Menschen. Nicht jeder ist mit diesen Veränderungen einverstanden, vor allem wenn der Betreffende nicht von Anfang an miteinbezogen worden ist.

FALLBEISPIEL

Peter hatte den Plan für seinen Ruhestand schon Jahre vor seiner Begegnung mit Judith, seiner Partnerin, entworfen. Sobald die beiden ein Paar waren, wollte er Judith in seine Pläne einweihen, weil der Umzug auch große Auswirkungen auf ihr Leben haben würde.

Zuerst war Judith sehr unglücklich über den Vorschlag umzuziehen. Doch da Peter sie auf kluge Art und Weise in seine Pläne miteinbezog, freundete sich Judith nach und nach mit der Idee des Umzuges an und machte sein Ziel auch zu ihrem eigenen. Peter wiederum war sehr kompromissbereit. War ein Wohngebiet, das ihm gefiel, nicht nach Judiths Geschmack, sah er sich bereitwillig nach einem anderen um.

Peter erhielt nur wenige „Kommando zurück“-Botschaften, die ihn von seinem Lebensziel hätten abbringen können. Das ist allerdings nicht immer der Fall.

Den Kurs halten

Nehmen wir an, Sie wären schon immer passiv im Umgang mit Ihrem Chef gewesen. Beispielsweise haben Sie nie abgelehnt, wenn Sie gebeten wurden länger zu arbeiten. Nun entscheiden Sie sich für eine Veränderung, fangen also damit an, auch einmal Nein zu Überstunden zu sagen. Sie zeigen sich dabei selbstbewusst und schlagen einen Kompromiss vor: Sie sind bereit, immer dann länger zu arbeiten, wenn das Projekt wichtig und dringend ist, aber nicht generell. Ihrem Chef bleibt dieser Wandel in Ihrem Verhalten nicht verborgen und er wird versuchen, Sie wieder in Ihr altes Fahrwasser zu bringen. Sie haben dann zwei Möglichkeiten:

- **Sie lassen sich darauf ein und fallen in Ihr altes Schema zurück.**
- **Sie stehen zu Ihrem neuen Verhalten, weil Sie wissen, dass es sinnvoll ist und Sie dadurch nur zu Ihrem Recht kommen.**

Die zweite Möglichkeit erfordert Mut, doch wenn Sie entschlossen auftreten, wird Ihr Chef eine Entscheidung treffen müssen: Entweder er versucht, weiter Druck auf Sie auszuüben und Sie in Ihr altes Schema zu pressen oder er akzeptiert die neue Situation und passt sein Verhalten dem Ihren an. Untersuchungen haben gezeigt, dass sich Menschen angesichts eines entschlossenen Auftretens und der nötigen Überzeugungskraft sehr oft anpassen.

STRATEGIEN, UM SICH NICHT VON SEINEM NEUEN KURS ABBRINGEN ZU LASSEN

- **Denken Sie wieder an Ihr Ziel und erinnern Sie sich daran, warum Sie die Veränderung wollten.**
- **Wägen Sie Pro und Kontra der beiden Möglichkeiten ab – auf den alten Kurs zurück oder doch entschlossen dem neuen folgen.**
- **Treten Sie selbstbewusst und bestimmt auf, um Ihr Gegenüber zu überzeugen.**
- **Weihen Sie die Betroffenen in Ihr geplantes Projekt ein, sodass sie Ihre Motivation verstehen.**
- **Arbeiten Sie an Ihrer Willensstärke.**
- **Zeigen Sie die Vorteile auf, welche die Veränderung für die andere Person mitsichbringt.**

Indem Sie Ihren Zielen treu bleiben, wird Ihr Erfolg immer wahrscheinlicher. Denken Sie hierbei an die Veränderungsgleichung (s. S. 11). Ist der Aufwand für eine Veränderung zu hoch, müssen Sie Ihre Ziele **anpassen**, **zurückstellen** oder **überdenken**.

AUS FEHLERN LERNEN UND ERFOLGE FEIERN

Es ist selten, dass etwas wirklich perfekt läuft, und auch Sie werden Misserfolge und Erfolge haben, wenn Sie versuchen, Ihre Ziele zu erreichen. Profitieren können Sie von beiden Extremen.

Nie aufgeben und aus Fehlern lernen

Auf Stufe 5 wurde Ihnen anhand des Zirkelschemas gezeigt, wie Sie Ihre ersten Schritte und Erfolge überprüfen können. Dieses Schema kann Ihnen auch dabei helfen herauszufinden, was Ihnen weniger gut gelungen ist und welche Teilaufgaben Sie deshalb als Misserfolge einstufen würden. Niemand versagt gerne, aber meistens geben Befragte an, dass sie in ihrem Leben am meisten aus Fehlern und Misserfolgen gelernt haben und aus diesen die wichtigsten Lehren ziehen konnten. Kontrollen durchzuführen ist dafür unerlässlich. Wenden Sie deshalb die Analyse Ihrer Schwächen, die schon in Schritt 1 (s. S. 14–17) beschrieben wurde, sowie das Zirkelschema des Lernens (s. S. 102) an. Auf der nächsten Seite finden Sie ein paar Anregungen, die Ihnen helfen, mit Ihren Misserfolgen besser klarzukommen.

Lernen Sie aus Ihren Fehlern anstatt aufzugeben.

ÜBUNG

Seien Sie offensiv. Schreiben Sie auf, was Sie lernen müssen, und versprechen Sie sich selbst, dass Sie aktiv darauf hinarbeiten werden. Überprüfen Sie Ihre Fortschritte. Fragen Sie sich: „Was werde ich beim nächsten Mal anders machen?" Halten Sie Ihre Erkenntnisse in Ihrem persönlichen Portfolio fest.

Feiern Sie. Ein Misserfolg bedeutet nicht das Ende der Welt. Machen Sie sich eine Freude mit etwas, das Sie gerne tun, oder gönnen Sie sich etwas.

Schämen Sie sich nicht. Versuchen Sie, Gefühle der Scham abzuschütteln, die vielleicht nach einem Misserfolg in Ihnen hochkommen – wir alle versagen von Zeit zu Zeit.

Teilen Sie Ihre Gefühle mit. Sprechen Sie mit einem Freund über Ihren Misserfolg. Sie werden sich erleichtert fühlen und mit neuem Mut ans Werk gehen können.

Lernen Sie, über sich selbst zu lachen. Ist irgendetwas an Ihrem Misserfolg nicht ein wenig komisch oder amüsant?

Lernen Sie sich zu vergeben. Wir alle machen Fehler und es wird immer einen nächsten Tag geben.

Erfolge feiern

Vergessen Sie nicht, sich für Ihre Erfolge zu belohnen. Oft wird ein Projekt abgeschlossen und schon das nächste in Angriff genommen. Ohne Atempause wird über den Erfolg hinweggegangen. Oder man schreibt den Erfolg nur der Tatsache zu, dass man Glück hatte. Andere spielen ihre Kompetenzen oder den betriebenen Aufwand herunter.

Wir können sowohl unsere Misserfolge als auch unsere Erfolge überprüfen. Dazu werfen wir nach der Umsetzung unserer Projekte einen kritischen Blick zurück, um festzustellen, wo etwas verbessert werden könnte. Erfolge zu feiern bedeutet, ...

- **die Fähigkeiten wertzuschätzen, die Ihnen zu Ihrem Ziel verholfen haben.**
- **Ihren Einsatz und die aufgewendete Energie zu würdigen.**
- **sich auch einmal zu trauen darüber zu sprechen, wie kompetent und zielstrebig Sie Ihr Ziel erreicht haben.**
- **eine Party mit der Familie und Freunden zu organisieren, sodass diese Ihren Erfolg mit Ihnen feiern können.**
- **sich selbst eine Freude mit etwas Besonderem zu machen.**
- **Komplimente von anderen anzunehmen, die Ihnen zu Ihrem Erfolg gratulieren.**

Unsere Erfolge zu feiern, fällt vielen von uns schwer. Deshalb sollten Sie Ihren Übungen zur Stärkung Ihrer Willensstärke eine Übung hinzufügen, die beinhaltet, dass Sie sich nach Abschluss eines schwierigen Abschnittes Ihres Projekts eine Freude machen müssen. So gewöhnen Sie sich daran Erfolge zu feiern.

Dies und die Tatsache, dass Sie nun mit Ihren Misserfolgen gut umgehen können, wird Sie beleben und motivieren, sodass Sie optimistisch auf all Ihre zukünftigen Vorhaben blicken können.

Vernachlässigen Sie das Feiern also nicht – Sie verdienen es! Gehen wir nun zu Schritt 4 über, in dem Sie lernen, wie Sie Ihre eigenen Projekte planen und in die Tat umsetzen.

PRAKTISCHE ÜBUNGEN

In diesem Schritt werden Ihnen ein paar leichte Übungen vorgestellt, die sich auf Ihr jeweiliges Vorhaben beziehen und Ihnen bei der Umsetzung helfen werden. Außerdem können Sie überprüfen, ob Sie die Konzepte, die in den Schritten davor erklärt worden sind, verstanden haben. Notieren Sie sich wieder die Ergebnisse der Übungen in Ihrem persönlichen Portfolio. Nun ist alles, was Sie wissen müssen, um Projekte erfolgreich durchführen zu können, behandelt worden.

Deshalb ist es Zeit, dass Sie den Sprung wagen und sich sagen „Mach es einfach!"

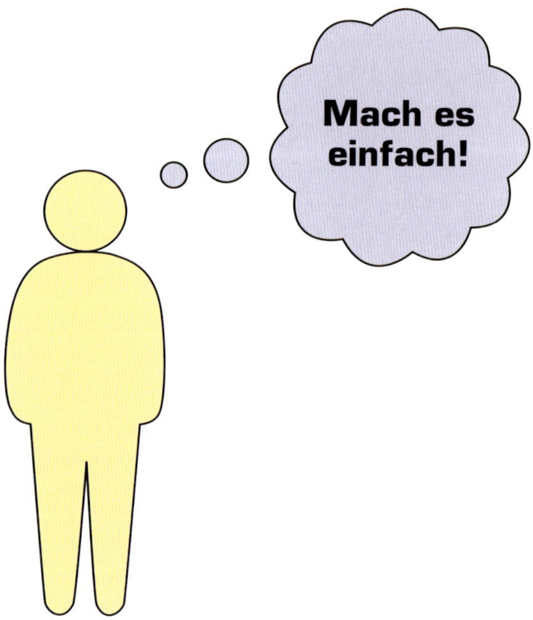

ÜBUNG 1

BEREICHE HERAUSFINDEN, MIT DENEN SIE UNZUFRIEDEN SIND, UND EINE GEBIETSÜBERSICHT ERSTELLEN

Wenden Sie die Veränderungsgleichung an, um die Bereiche herauszufinden, mit denen Sie unzufrieden sind:

Veränderung = Unzufriedenheit + Idee + Erste Schritte > Nötiger Aufwand

ÜBUNG 1

Denken Sie an verschiedene Lebensbereiche und gehen Sie auf die Bereiche oder Beziehungen ein, mit denen Sie momentan unzufrieden sind:

Ich bin unzufrieden mit …

Ich bin unzufrieden mit …

Ich bin unzufrieden mit …

Ich bin unzufrieden mit …

Machen Sie eine Gebietsübersicht (s. S. 93–94) der Bereiche, die Ihnen am meisten Probleme bereiten. Ziehen Sie einen inneren Kreis (dieser repräsentiert Sie). Um diesen ziehen Sie drei weitere Kreise. Dann …

- **heben Sie die Bereiche hervor, in denen Sie etwas verändern möchten (kleinster Kreis).**
- **beschreiben Sie, wie die aktuelle Situation ist (mittlerer Kreis).**
- **notieren Sie Ihre Vorstellungen davon, wie die Situation zukünftig aussehen sollte (größter Kreis).**

ÜBUNG 2

PRIORITÄTEN SETZEN KÖNNEN

Verwandeln Sie Ihre Ideen in Herausforderungen

Mithilfe dieser Übung lernen Sie, Ideen in handlungsorientierte Aussagen zu übertragen, die Sie in den innersten Kreis Ihrer Gebietsübersicht eintragen.

Wandeln Sie Ihre Ideen in Herausforderungen um.

ÜBUNG 2

Verwandeln Sie Ihre Träume und Ideen in Herausforderungen, indem Sie umformulieren:

Ich werde ...
Ich werde ...
Ich werde ...
Ich werde ...

Schätzen Sie Ihren Willen zur Veränderung ein

Stellen Sie sicher, dass Sie auch den nötigen Willen haben, um sich den Herausforderungen stellen zu können. Wie sehr wünschen Sie sich Veränderungen in den jeweiligen Bereichen Ihres Lebens? Nehmen Sie eine Herausforderung nach der anderen an und fragen Sie sich:

- **Inwiefern habe ich kurzfristige Vorteile oder zahlt es sich für mich aus, wenn ich nichts verändere?**
- **Wie sehen die langfristigen negativen Konsequenzen aus, wenn ich nichts ändere?**
- **Welche Vorteile bringt die Veränderung?**
- **Hat die Veränderung auch negative Auswirkungen, mit denen ich mich anschließend beschäftigen muss?**

Setzen Sie Prioritäten für Ihre Herausforderungen

Wenden Sie folgende Kriterien an, um Prioritäten für Ihr erstes Projekt zu setzen:

- **Wie wichtig ist es – kommen ernsthafte Konsequenzen auf mich zu, wenn ich es nicht bald umsetze?**
- **Wird es schon bald erste Ergebnisse haben, wird es also schnell abgeschlossen sein und deshalb motivierend wirken?**
- **Ist es das schwierigste Vorhaben? Möchte ich es deswegen als Erstes erledigen?**
- **Ist es entscheidend für andere Bereiche? Muss ich es zuerst erledigen, damit ich andere Projekte angehen kann?**
- **Wie stark ist mein Wunsch danach, dass all das wirklich geschieht?**

ÜBUNG 3

ZIELE SETZEN

Jetzt werden Sie konkret und formulieren Ihre Herausforderung als Ziel. Machen Sie sich dafür eine Zukunftsübersicht (s. S. 99–100). Vergessen Sie nicht, so über Ihr Ziel zu schreiben, als hätten Sie es schon erreicht.

Vielleicht sind mehrere Ziele miteinander verknüpft oder ein Ziel kann in einzelne Unterziele aufgeteilt werden. Ist das der Fall, formulieren Sie für jedes Ziel und jedes Unterziel eine eigene Aussage. Vergessen Sie die Angabe eines Datums nicht, um sich an einen Zeitplan halten zu können.

ÜBUNG 3

Heute ist der [Datum] und ich bin …

Heute ist der [Datum] und ich bin …

Heute ist der [Datum] und ich bin …

Heute ist der [Datum] und ich bin …

Sammeln Sie alles, das mit Ihren Zielen zu tun hat und das Sie aufbewahren möchten (z. B. Fotos). Erzählen Sie anderen von Ihren Zielen und fangen Sie an die Personen einzuweihen, die von Ihren Plänen betroffen sind.

ERFOLGSKRITERIEN FESTLEGEN

Greifen Sie auf eine der in Schritt 3 vorgestellten Methoden (s. S. 111–112) zurück, um die Erfolgskriterien, die für Sie wichtig sind, herauszufinden. Mit diesen Methoden können Sie Ihren Erfolg messen.

ÜBUNG 4

Die für mich wichtigen Erfolgskriterien sind:

1.
2.
3.
4.

Mit Erfolgskriterien messen Sie Ihren Erfolg.

ÜBUNG 5

HINDERNISSE AUF IHREM WEG ZUM ERFOLG BESEITIGEN

Mithilfe der Kraftfeld-Analyse, die in Schritt 3 (s. S. 107–110) beschrieben wurde, schreiben Sie Ihr Ziel auf und ermitteln alle positiven und negativen Kräfte, die darauf einwirken könnten. Erstellen Sie ein Diagramm davon, das Sie in Ihr Portfolio eintragen.

ÜBUNG 5

Mein Ziel ist:

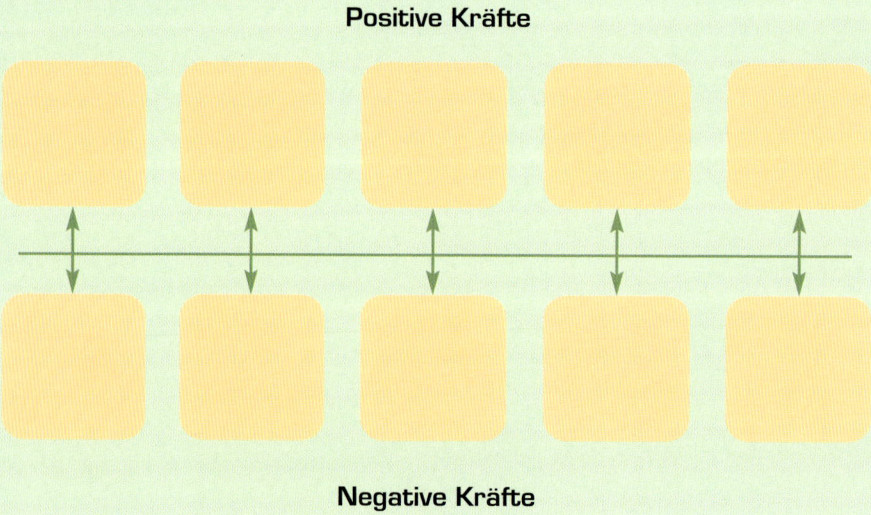

Beseitigen Sie alle negativen Kräfte, die sich auf Ihren Weg zum Erfolg auswirken.

Schreiben Sie all die Dinge auf, die Sie getan haben, um die positiven Kräfte zu stärken und die negativen auszuschalten. Tun Sie so, als sei es schon geschehen.

Um die Kräfte, die mich von meinem Ziel abgehalten haben, auszuschalten, habe ich:

1.
2.
3.
4.
5.

ÜBUNG 6

DIE UNMITTELBAR BETROFFENEN ERKENNEN

Nehmen Sie eine Analyse vor, um die Personen zu erkennen, die für Ihr Vorhaben von Bedeutung sind (s. S. 51). Sorgen Sie dafür, dass Sie niemanden vergessen, und wählen Sie eine oder zwei Personen aus, von denen Sie glauben, dass sie besonders viel Einfluss auf Ihr Projekt haben werden. Sie sollten auch festlegen, wer Ihnen zuarbeiten wird oder an wen Sie Aufgaben delegieren könnten.

ÜBUNG 6

Unmittelbar betroffene Personen sind:

1.
2.
3.
4.
5.

Personen, die ich unbedingt von meinem Projekt überzeugen muss, wenn es erfolgreich sein soll:

1.
2.
3.
4.
5.

Finden Sie heraus, welche Personen für Ihr Vorhaben von Bedeutung sind.

Personen, deren Hilfe ich für das Projekt brauchen werde:

1.
2.
3.
4.
5.

Personen, an die ich ein paar der Aufgaben, die sich während des Projekts ergeben, delegieren kann:

1.
2.
3.
4.
5.

ÜBUNG 7

IHRE ERSTEN SCHRITTE FESTLEGEN

Denken Sie daran, dass Sie Ihr Projekt in einen machbaren Prozess verwandeln können, indem Sie den Weg zu Ihrem Ziel in eine Reihe kleiner Schritte aufspalten. Erarbeiten Sie ein oder zwei erste Schritte und beziehen Sie auch die Schritte mit ein, die Sie als notwendig erkannt haben, um Hindernisse zu überwinden.

ÜBUNG 7

Was ich als Erstes tun muss, um mein Ziel zu erreichen:

1.

Andere erste Schritte sind:

2.
3.
4.
5.

ÜBUNG 8

ANDERE VORGEHENSWEISEN BEWERTEN

Wenden Sie nun auf jeden der ersten Schritte, die Sie in Übung 7 festgelegt haben, die Pro-und-Kontra-Methode an (s. S. 105–106). So können Sie aus mehreren Möglichkeiten den richtigen Weg auswählen.

ÜBUNG 8

	Pro	Kontra	Schlussfolgerung
Möglichkeit 1			
Möglichkeit 2			
Möglichkeit 3			

Am besten geeignet, um weiterzukommen, ist:

ÜBUNG 9

DAS PROJEKT PLANEN

Planen Sie Ihr Projekt. Benutzen Sie Ihren Terminkalender, um Ihre Zeit sinnvoll einzuteilen.

Dafür planen Sie sinnvolle Zeitblöcke ein, die den Anforderungen der jeweiligen Aufgabe entsprechen.

Falls möglich, teilen Sie ein paar Aufgaben gewisse Wochentage zu. Die wichtigsten Aufgaben sollten Sie immer für die Zeit einplanen, in der Sie für gewöhnlich am besten arbeiten können.

Denn Sie können dann am effektivsten arbeiten und am meisten schaffen, wenn Sie aus dem Vollen schöpfen können, d. h. wenn Sie ausreichend Energie zur Verfügung haben.

Achten Sie auf Ihre Konzentrationsspanne – sie ist von Mensch zu Mensch anders.

ÜBUNG 9

Nutzen Sie Ihren Terminkalender, um ...

- **erst Ihr Jahr zu planen,**
- **dann jeden Monat,**
- **jede Woche**
- **und jeden Tag am Beginn des Tages.**

ZIELE UND ERSTE SCHRITTE ÜBERPRÜFEN

Bauen Sie regelmäßige Überprüfungen der Fortschritte in Ihren Projektplan ein. Solche Kontrollen sind besonders dann nützlich, wenn unerwartete Ereignisse eintreffen, die den reibungslosen Verlauf des Projekts stören (s. S. 102–104) und Ihre Ziele gefährden.

Konzentrieren Sie sich sowohl auf Erfolge als auch auf Probleme. Manchmal kommt es auch unerwartet zu Ereignissen, die den Verlauf Ihres Projekts positiv beeinflussen. Sie sind ebenso wichtig wie die Hindernisse.

ÜBUNG 10

Stellen Sie sich folgende Fragen:

- **„Was läuft gut?"**
- **„Ist etwas passiert, das mich davon abhalten könnte, mein Ziel zu erreichen?"**
- **„Wenn ich an die Antworten auf diese Fragen denke, wie muss ich meinen Plan dann anpassen?"**
- **„Brauche ich dazu Hilfe, und wenn ja, wer könnte mir helfen?"**
- **„Was läuft nicht so gut?"**
- **„Gibt es noch weitere Einflüsse, die ich einplanen muss, um den Kurs zu halten?"**
- **„Ist etwas geschehen, das mir dabei helfen könnte, mein Ziel zu erreichen?"**
- **„Wann sollte ich meine Ziele noch einmal überprüfen?"**

ÜBUNG 11

AUF DIE BETEILIGTEN EINWIRKEN

Während Ihres gesamten Projekts werden Sie mit den unmittelbar Betroffenen und anderen Beteiligten zu tun haben. Verwenden Sie folgende Methode, um erfolgreich auf andere einzuwirken.

Arbeiten Sie sich durch die Checkliste in Schritt 2 (s. S. 52), um Ihre Gespräche vorzubereiten. Denken Sie an die fünf möglichen Verhaltensweisen (s. S. 54–55). Spielen Sie Ihre spezifische Situation mit einem Freund durch. Bitten Sie um konstruktive Kritik und überprüfen Sie mittels der unten zusammengestellten Liste, ob Ihr Verhalten selbstbewusst, aggressiv, passiv oder manipulativ ist.

ÜBUNG 11

Wenn ich bestimmt agiere, ...

- formuliere ich mein Anliegen klar und deutlich.
- treffe ich selbst Entscheidungen.
- werde ich nicht herabgesetzt.
- kämpfe ich für meine Rechte, ohne die von anderen zu verletzen.
- behandle ich mich selbst und andere gleich und respektvoll.
- erkenne ich, dass ich für meine Taten und Gefühle verantwortlich bin.
- entschuldige ich mich, wenn ich etwas aufrichtig bedauere.
- bin ich auf alles vorbereitet und lasse nicht locker.
- formuliere ich meine Meinungen, Wünsche und Bedürfnisse und höre auch anderen aufmerksam zu.
- bin ich ruhig, entspannt und selbstbewusst.
- fühle ich mich energiegeladen, leistungsstark, souverän und bin zufrieden.
- erhoffe ich auch bei Unstimmigkeiten Ergebnisse, die für alle vorteilhaft sind.

Wenn ich passiv bin, …

- sage ich nicht, was ich will.
- passe ich mich den Entscheidungen von anderen an.
- lasse ich mich von anderen nötigen, einschüchtern und verspotten.
- verleugne ich meine Rechte und erlaube anderen sie zu verletzen.
- akzeptiere ich nicht, dass ich dafür verantwortlich bin, wie man mit mir umgeht.
- fällt es mir schwer, meine Meinungen, Wünsche und Bedürfnisse klar auszudrücken.
- setze ich mich oft selbst herab.
- vermeide ich Augenkontakt und bin zurückhaltend und nervös.
- bin ich frustriert, kraftlos, unglücklich, ängstlich und verletzlich.
- erwarte ich bei Unstimmigkeiten, dass ich der Verlierer sein werde.

Wenn ich aggressiv bin, …

- sage ich, was ich will, und zwar oft sehr fordernd und nachdrücklich.
- treffe ich Entscheidungen für andere.
- schüchtere ich ein, dann bedränge und nötige ich andere.
- verletze ich die Rechte anderer.
- behandle ich andere respektlos.
- reiße ich die Verantwortung an mich.
- sage ich „Es tut mir leid, aber …“ und greife an.
- halte ich um jeden Preis an meiner Meinung fest und ignoriere andere.
- kann ich dominant und schroff sein.
- bin ich energiegeladen, wütend, frustriert und leistungsfähig.
- ist mein Ziel, dass ich andere bei Unstimmigkeiten ausstechen kann.

Wenn ich manipulativ bin, ...

- sage ich meine Meinung nur indirekt und erwarte, dass andere wissen, was ich möchte.
- lasse ich beiläufige Bemerkungen fallen.
- überrede, flirte, schmolle ich und mache nicht ernst gemeinte Komplimente.
- bin ich sarkastisch.
- manipuliere ich andere Menschen, indem ich mit ihren Gefühlen, vor allem mit Schuldgefühlen, spiele.
- benehme ich mich passiv, bin aber unterschwellig aggressiv.
- bin ich frustriert, wütend und kraftlos.
- kommt es bei Unstimmigkeiten oft dazu, dass alle darunter leiden.

Wie wirkt
Ihr Verhalten auf die
Beteiligten?

Sind Sie selbstbewusst,
passiv, aggressiv oder
manipulativ?

KOMPETENZEN ANWENDEN

Werfen Sie ab und zu einen Blick auf Ihre in Schritt 2 erarbeiteten „Kraftquellen“. Diese Fähigkeiten können dabei helfen, Ihre Vorhaben umzusetzen. Seien Sie ehrlich und bitten Sie andere um Feedback bezüglich Ihrer Stärken und Schwächen.

Nutzen Sie Ihre „Kraftquellen“, um Ihre Kompetenzen anzuwenden.

ÜBUNG 12

Fragen Sie sich:

- **„Wen könnte ich dafür um Hilfe bitten?“**
- **„Habe ich Fähigkeiten, die ich nicht genug nutze?“**
- **„Muss ich weitere Fähigkeiten entwickeln? Falls ja, welche?“**
- **„Wie könnte ich mir diese Fähigkeiten aneignen?“**

ÜBUNG 13

REGELMÄẞIG SPORT TREIBEN

In Schritt 2 haben wir erfahren, wie wichtig es ist, mit Stress umgehen zu können und ein gesundes Leben zu führen (s. S. 84). Gerade wenn wir in einem Projekt stecken, vergessen wir manchmal, uns Zeit für die Dinge zu nehmen, die gut für uns sind. Vor allem Sport fällt schnell unter den Tisch.

Sport kann sich aber sehr positiv auf Energie und Motivation auswirken. Schon eine kurze Übung während einer Pause kann den Ausschlag dafür geben, ob Sie sich frisch motiviert wieder an die Arbeit machen oder sich entmutigt fühlen und am liebsten aufgeben würden.

Sport wirkt sich positiv auf Ihre Motivation aus.

Ändern Sie Ihre Lebensweise

Das Problem mit Sport ist, dass wir oft das Gefühl haben, ihn umständlich in unseren Alltag einbauen zu müssen, z. B. indem wir ins Fitnessstudio fahren oder ein Tennismatch mit einem Freund vereinbaren. Am effektivsten ist Sport dann, wenn er Teil unseres Alltags ist und nicht als Störfaktor empfunden wird. Nur dann finden Sie genug Motivation. Falls Sie sich alleine nicht überwinden können, fragen Sie einen Freund, ob Sie gemeinsam Sport treiben können.

Bauen Sie Sport in Ihren Alltag ein

Unten finden Sie einige Anregungen, wie Sie täglich mit minimalem Aufwand etwas Sport treiben können. Überfordern Sie sich nicht. Bauen Sie Sportpausen in Ihren Projektplan ein: 20 Minuten drei Mal pro Woche ist ein guter Anfang. Wählen Sie einen oder mehrere der folgenden Vorschläge.

Treiben Sie regelmäßig Sport.

ÜBUNG 13

- Gehen Sie alle zwei Tage 10 bis 20 Minuten schnell spazieren und steigern Sie nach und nach die Geschwindigkeit.
- Gehen Sie zu Fuß, wenn die Distanz, die Sie zurücklegen müssen, weniger als 1 km beträgt.
- Nehmen Sie die Treppe anstatt den Aufzug. Steigen Sie täglich 50 Treppenstufen.
- Machen Sie in Ihrer Mittagspause Lockerungsübungen.
- Kaufen Sie sich ein Fitnessvideo und trainieren Sie damit täglich morgens oder abends.
- Wenn Sie sich zwischendurch eine Auszeit von Ihrem Projekt gönnen, dann bewegen Sie sich.
- Gewöhnen Sie sich an regelmäßigen Sport.

ÜBUNG 14

ENTSPANNUNGSÜBUNGEN, UM STRESS ABZUBAUEN

Entspannung hilft dabei kurzfristig Stress abzubauen. Die folgende Übung können Sie in einem Stuhl sitzend ausführen. Sie dauert nur fünf Minuten und kann Sie jederzeit in einen entspannten Zustand versetzen, wenn Sie die Belastung nicht mehr aushalten können. Nach der Hälfte des Arbeitstages oder in Pausen kann diese Übung als Muntermacher dienen.

ÜBUNG 14

Schritt 1

Suchen Sie sich einen ruhigen Platz, an dem Sie bequem sitzen und ungestört sind. Verschränken Sie Ihre Arme nicht und schlagen Sie die Beine nicht übereinander.

Schritt 2

Sobald Sie es sich bequem gemacht haben, schließen Sie Ihre Augen und lockern bewusst alle Muskeln. Beginnen Sie am Kopf, über Stirn, Mund, Kiefer, Nacken, Schultern usw. Nehmen Sie jeden Muskel, den Sie entspannen, bewusst wahr. Entspannen Sie sich bis in die Zehen. Nehmen Sie sich eine Muskelpartie nach der anderen vor und spüren Sie, wie Sie immer tiefer und tiefer in den Entspannungszustand gleiten. Nehmen Sie sich viel Zeit für diese Übung.

Schritt 3

Während Sie sich entspannen, fangen Sie an, tief durch die Nase ein- und durch den Mund auszuatmen. Lauschen Sie Ihrer Atmung und Sie werden bemerken, dass Sie immer tiefer atmen, je mehr Sie sich entspannen. Genießen Sie den Luxus, sich zu entspannen und Ihrem Atem zu lauschen. Achten Sie darauf, wie viel Zeit zwischen Einatmen und Ausatmen vergeht.

Schritt 4

Atmen Sie weiter tief ein und aus und spannen Sie Ihre Muskeln nicht an. Fangen Sie jetzt an, in den Atempausen von 10 auf 1 herunterzuzählen. Sie atmen aus – 10, Sie atmen ein – 9, aus – 8, usw. Wiederholen Sie die Übung und zählen Sie dieses Mal von 1 bis 10.

Schritt 5

Bleiben Sie noch für ein paar Minuten sitzen – entspannt und tief atmend. Wenn Sie sich bereit fühlen, öffnen Sie Ihre Augen und stehen langsam auf.

ÜBUNG 15

MACHEN SIE SICH EINE FREUDE

Sich selbst eine Freude machen zu können ist notwendig, um sein Ziel nicht aus den Augen zu verlieren. So üben Sie außerdem sich zu belohnen, was Sie nach Abschluss eines Projekts unbedingt tun sollten. Denn so feiern Sie Ihren Erfolg. Hohe Erwartungen an sich zu stellen, ist wichtig, um Pläne zu verwirklichen, doch es ist ebenso wichtig, sich selbst zu belohnen, wenn man diesen Erwartungen entsprochen hat.

Sie sollten sich auch eine Freude machen, wenn Sie es geschafft haben, die negativen Konsequenzen eines Misserfolges abzufedern oder wenn Sie sehr schwierige Situationen durchstehen mussten.

Es geht dabei um kleine Freuden und nicht etwa um große oder teure Dinge. Sie könnten z. B. Ihren Lieblingsfilm anschauen, sich Zeit zum Lesen nehmen oder einen langen Spaziergang machen.

ÜBUNG 15

1. **Machen Sie eine Liste der Dinge, die Ihnen Freude bereiten.**
2. **Reservieren Sie in Ihrem Terminkalender Zeit, um sich zu belohnen.**
3. **Lassen Sie dies zur Gewohnheit werden.**

Falls Ihnen nichts einfällt, womit Sie sich eine Freude machen könnten, dann fragen Sie Freunde und Kollegen danach, wie diese sich selbst belohnen.

BEWERTEN SIE ERFOLGE

Ist Ihr Projekt fast abgeschlossen, sollten Sie Ihre Errungenschaften mit den Erfolgskriterien vergleichen, die Sie am Anfang des Projekts festgelegt hatten. Dazu müssen Sie nochmal einen Blick auf Ihr Ziel und dann auf Ihre Errungenschaften werfen. So können Sie schon Erreichtes abhaken und dort aktiv werden, wo es noch Aufgaben zu erledigen gibt.

ÜBUNG 16

Schritt 1

Werfen Sie noch einmal einen Blick auf Ihr ursprüngliches Ziel.

Schritt 2

Wählen Sie passende Schlagwörter aus, um Ihren Erfolg zu beschreiben. Das könnten die Erfolgskriterien sein, die Sie am Anfang des Zielsetzungsprozesses festgelegt hatten. Wählen Sie Schlagwörter, die eine Bedeutung für Sie haben.

Schritt 3

Listen Sie unter jedem Schlagwort Ihre Errungenschaften auf. Formulieren Sie das Ganze im Präsens, um so zu tun, als wären Sie schon erfolgreich gewesen.

- Unter Errungenschaften verstehen wir hier all die Teilaufgaben, die erfolgreich in die Tat umgesetzt worden sind, sowie die Aufgaben, die noch nicht komplett erledigt worden sind.
- Notieren Sie nur die Aufgaben, die Sie selbst erledigt haben, oder solche, an deren Ausführung Sie maßgeblich beteiligt waren.
- Formulieren Sie auf positive Weise und seien Sie spezifisch, d. h. führen Sie so viele „Nachweise" wie möglich an.

Schritt 4

Erkennen Sie ausschlaggebende Ereignisse, die zu Ihrem Erfolg geführt haben.

- Schlüsselereignisse, z. B.: „Ich wurde an meiner Wunschuniversität angenommen."
- Individuelle Leistungen, z. B.: „Ich habe erfolgreich einen Zimmermann engagiert, der Schränke für meinen neuen Ankleideraum baut."
- Ergebnisse, die darauf zurückzuführen sind, dass Sie Ihre Umgebung wahrnehmen.

Notieren Sie auch konkret und vollständig, wer beteiligt war, und führen Sie Nachweise an, wo immer Sie können.

Schritt 5

Wenn nötig, legen Sie weitere Etappenziele mit konkreten Zeitabläufen fest, um alle noch ausstehenden Aufgaben zu erledigen.

Bewerten Sie Ihre Erfolge in fünf Schritten.

FEIERN SIE IHREN ERFOLG

Gönnen Sie sich den Luxus zu feiern, wenn Sie Ihr Projekt abgeschlossen haben. Tun Sie das möglichst zeitnah. Feiern Sie sich selbst und Ihren Erfolg ausgiebig. Sie haben es verdient!

Wenn Sie etwas wirklich wollen, müssen Sie es einfach machen!

EIN LETZTES WORT

Dieses Buch hat Ihnen gewisse Fähigkeiten, Techniken und Methoden nähergebracht, die Ihre Projekte zu Erfolgen werden lassen. Doch all die beschriebenen Schritte wirklich zu gehen und sich die genannten Fähigkeiten anzueignen, erfordert harte Arbeit und viel Einsatz. Deshalb ist es wichtig, von vornherein die Techniken auszuwählen, die am besten zu Ihrer Persönlichkeit passen, denn es geht nicht um richtig oder falsch.

INDEX

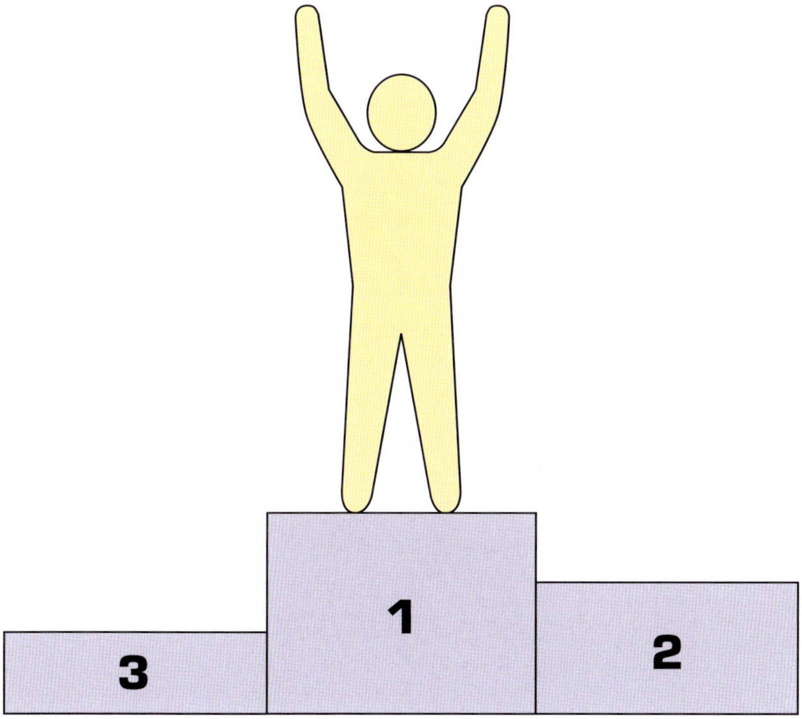

1
2
3

Erstveröffentlichung in Großbritannien 2006
unter dem Titel „How to get things done"
by Hamlyn Octopus, part of Octopus Publishing
Group Ltd, 2–4 Heron Quays, Docklands,
London E14 4JP

Genehmigte Lizenzausgabe
EDITION XXL GmbH
Fränkisch-Crumbach 2008
www.edition-xxl.de

Übersetzung: Vivien Werner
Satz: SAMMÜLLER KREATIV GmbH

ISBN (13) 978-3-89736-274-1
ISBN (10) 3-89736-274-0